Berner Wanderbuch

Saanenland

45 Routenbeschreibungen mit Routenkarte, Routenprofilen und Bildern
Bearbeitet von Ernst Zbären, St. Stephan.
Herausgeber: Berner Wanderwege

Inhalt

5	Vorwort
8	Übersichtskarte 1:600 000
10	Routenverzeichnis
12	Routenkarte 1:120 000
	Routenbeschreibungen
17	Saanen, Routen 1–5
28	Schönried, Routen 6–10
38	Saanenmöser, Routen 11–14
44	Abländschen, Route 15
48	Gstaad, Routen 16–30
71	Feutersoey, Routen 31–33
76	Gsteig, Routen 34–38
87	Lauenen, Routen 39–45
99	Heimatkundliche Notizen
106	Markierung der Wanderrouten
107	Tips für Wanderer
	Touristische Informationen
108	Auskunftsstellen
108	Kartenverzeichnis
109	Gaststätten ausserhalb der Ortschaften
110	Register
112	Wanderbücher, Wanderkarten und Velokarten

Ausgabe 1990
Redaktion: Berner Wanderwege,
Postfach 263, 3000 Bern 25
Bilder: E. Zbären, St. Stephan

Zeichnungen: R. Künzler, Bern
© Kümmerly+Frey, Geographischer Verlag, Bern

Umschlagbild: Heile Bergwelt? Die leuchtenden Blütenstände des Gelben Enzian vor den stiebenden Wassern des Geltenschusses zuhinterst im Lauenental lassen diesen Schluss zu. Dabei darf nicht vergessen werden, dass um diese Idylle seinerzeit hart gestritten wurde. Gegen die Nutzung des Geltenbaches wehrten sich die Lauener hartnäckig (Route 43).

▶ **Mittagsrast auf der Walliser Wispile (Route 38). Im mittleren Hintergrund das Spitzhorn. Die Ortsbezeichnung Walliser Wispile weist auf die enge Beziehung zum Wallis hin.**

Vorwort

Das Berner Oberland wird oft als Visitenstube des Kantons bezeichnet. Das vorliegende Wanderbuch führt in eine der entzückendsten Ecken dieser Stube, wo zuhinterst in den Tälern die Hochalpen zum Himmel ragen. Vom Saanenland wird erzählt: Als der Schöpfer sein Werk vollendet hatte, drückte er gleichsam als Siegel seine grosse Hand in die Erde – und siehe da, das liebliche Saanenland war geschaffen. Der Daumen bildete die Saanenmöser, der Zeigefinger das Turbachtal, Mittel- und Ringfinger formten die Täler des Louibachs und der Saane, während der kleine Finger für das Chalberhöni verantwortlich war.

Saanenland – welche Fülle an Wandermöglichkeiten schliesst dieser Name ein: Geruhsame Spaziergänge mit einzigartigem Blick auf die hochragenden Gipfel. Anspruchsvolle Bergwanderungen, die zu stillen Bergseen, auf einsame Alpen, zu prächtigen Aussichtspunkten führen. Das vorliegende Wanderbuch bringt für jedes Vorhaben einen Vorschlag. Wer unbeschwert wandern will, bedenke aber: gelb bedeutet Wanderweg, weiss-rot-weiss Bergweg. Die Begehung des Bergweges erfordert eine gewisse Gebirgserfahrung. Die Ausrüstung (gute Schuhe mit starker Profilsohle) soll vollständig und solide sein. Ein Regen- und Kälteschutz darf nicht fehlen. Ein Wetterumschlag (Sturm, Regen, Schnee, Nebel) kommt oft schneller als man denkt. Dann wird auch die Begehung einer leichten Route zu einem gefährlichen Unternehmen. Im Frühjahr und im Herbst, wenn die Alpen verlassen sind, findet sich oft stundenlang weder Unterkunfts- noch Verpflegungsmöglichkeit. Über der Waldgrenze verlieren sich zuweilen die getretenen Pfade. Es können auch Stellen auftreten, wo überraschende Tiefblicke von einem schmalen Weglein aus den Atem rauben. All' diesen Umständen ist bei der Begehung des Bergweges Rechnung zu tragen.

Dem Wunsche vieler Wanderer entsprechend wurden in diesem Buche wieder die beliebten Routenprofile aufgenommen. Heimatkundliche Notizen, Hinweise auf Unterkunfts- und Gaststätten ausserhalb der Ortschaften und Tips für den Wanderer ergänzen die Routenbeschreibungen sinnvoll. Nach Erwin Genge (†) und Hans Stucki hat es nun der Simmental- und Saanenland-Kenner Ernst Zbären übernommen, sämtliche Routen wieder zu begehen und den neusten Gegebenheiten entsprechend zu beschreiben. Für die Überarbeitung sei ihm an dieser Stelle der beste Dank ausgesprochen.

Rudolf Künzler
Präsident der Berner Wanderwege

◀ **Grossblumige Gemswurz an der Oldenegg (Route 35), dahinter die markante Flanke des Nägelihore. Zum Schutze der überaus reichen Flora, die aus dem subalpinen Wald bis an die Gletscher reicht, wurde an der Oldenegg ein absolutes Pflanzenpflückverbot erlassen.**
▶ **Auf der Grathöhe unterhalb des Giferspitz (Routen 22 und 40.) Blick auf die Berner Alpenkette vom Eiger im Osten bis zum Wildstrubel im Westen.**

Übersichtskarte 1 : 600 000

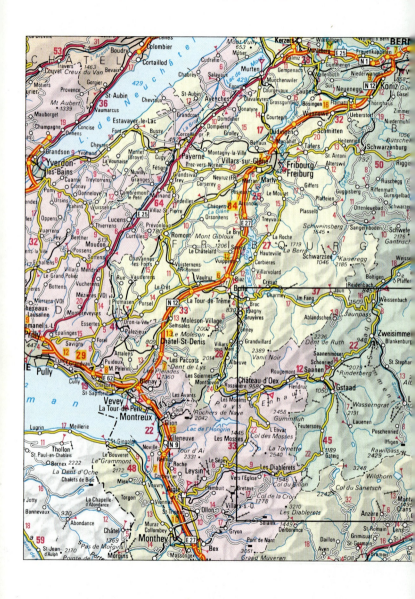

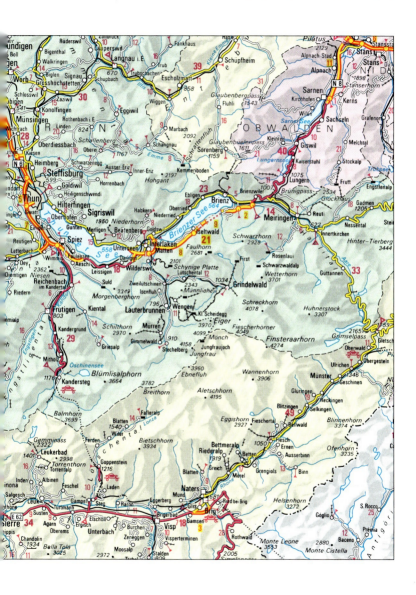

Routenverzeichnis

Nach Ausgangspunkten geordnet. Die vermerkten Zeitangaben sind reine Marschzeiten. Rastzeiten sind nicht eingerechnet. Die Routenkarte und die Wanderkarte 1:60 000 *Saanenland–Simmental–Kandertal* (Oberland West; Berner Wanderwege/Kümmerly+Frey) erlauben die Kombination mehrerer Routen.

Saanen

		Zeit	Seite
1	Saanen–Col de Jable-L'Etivaz	5 Std. 15 Min.	17
2	Saanen–La Videmanette-Château-d'Oex	6 Std. 30 Min.	19
3	Saanen–Rellerligrat	2 Std. 30 Min.	21
4	Saanen–Saanenmöser–Zweisimmen	3 Std. 15 Min.	23
5	Saanen–Gruben–Hornberg	2 Std. 45 Min.	25

Schönried

6	Schönried–Grossi Vorschess–Rellerligrat	1 Std. 50 Min.	28
7	Schönried–Bire–Abländschen	3 Std. 15 Min.	29
8	Schönried–Hornberg–Gstaad	3 Std. 30 Min.	31
9	Rellerligrat–Hundsrügg–Jaunpass	3 Std. 40 Min.	33
10	Horneggli–Gandlouenegrat–Rinderberg	2 Std. 10 Min.	34

Saanenmöser

11	Saanenmöser–Grossi Vorschess–Rellerligrat	1 Std. 50 Min.	38
12	Saanenmöser–Hundsrügg–Jaunpass	4 Std. 30 Min.	39
13	Saanenmöser–Hornberg–Gstaad	3 Std. 15 Min.	41
14	Saanenmöser–Schlittmoos–Gstaad	1 Std. 40 Min.	42

Abländschen

15	Abländschen–Mittelberg–Saanen	3 Std. 20 Min.	44

Gstaad

16	Gstaad–Col de Jable-L'Etivaz	5 Std. 30 Min.	48
17	Gstaad–Eggli	1 Std. 30 Min.	50
18	Gstaad–Parwenge–St. Stephan/Stöckli	4 Std. 50 Min.	51
19	Gstaad–Rüwlisepass–St. Stephan	4 Std. 15 Min.	53
20	Gstaad–Rüwlisepass-Lenk	5 Std. 15 Min.	54
21	Gstaad–Türli–Lauenen	5 Std. 30 Min.	56
22	Gstaad–Giferspitz	3 Std. 45 Min.	58
23	Gstaad–Wasserngrat	2 Std. 30 Min.	60
24	Gstaad–Engi–Lauenen	2 Std.	61
25	Gstaad–Höhi Wispile	2 Std. 40 Min.	62
26	Gstaad–Feutersoey–Gsteig	2 Std. 45 Min.	63

27 Wasserngrat–Trüttlisbergpass–Leiterli	4 Std. 15 Min.	64
28 Höhi Wispile–Chrinepass–Lauenensee	2 Std. 30 Min.	66
29 Höhi Wispile–Chrinepass–Gsteig	2 Std. 30 Min.	68
30 Eggli–Wild Boden–La Videmanette	4 Std. 20 Min.	69

Feutersoey

31 Feutersoey–Arnensee–Col du Pillon	4 Std.	71
32 Feutersoey–Wispiletritt–Höhi Wispile	3 Std.	72
33 Feutersoey–Chrinepass–Lauenensee	3 Std.	74

Gsteig

34 Gsteig–Sanetschpass–Sion	9 Std. 30 Min.	76
35 Gsteig–Oldenegg–Gemskopf	4 Std. 45 Min.	79
36 Gsteig–Col du Pillon–Les Diablerets	3 Std. 30 Min.	81
37 Gsteig–Blattipass–Col du Pillon	4 Std.	83
38 Gsteig–Burgfälle–Walliser Wispile	2 Std. 45 Min.	85

Lauenen

39 Lauenen–Turnelssattel–Wasserngrat	3 Std. 45 Min.	87
40 Lauenen–Turnelssattel–Lauenehore	4 Std.	89
41 Lauenen–Trüttlisbergpass–Lenk	5 Std. 15 Min.	91
42 Lauenen–Stüblenipass–Lenk	5 Std. 30 Min.	92
43 Lauenen–Lauenensee–Geltenhütte SAC	3 Std. 30 Min.	94
44 Lauenen–Chrinepass–Gsteig	2 Std. 40 Min.	95
45 Lauenen–Chrinepass–Höhi Wispile	3 Std.	97

Stationen des öffentlichen Verkehrs werden mit folgenden Symbolen vermerkt:

- Bahnstation
- Bus- oder Poststation
- Schwebe- oder Gondelbahnstation
- Sesselbahnstation

Legende zu den Routenprofilen:

- Stadt oder Dorf
- Gasthaus, Klubhütte
- Wald
- Weiler
- Schloss
- Ruine
- Denkmal
- Einzelgebäude
- Kapelle
- Aussichtspunkt

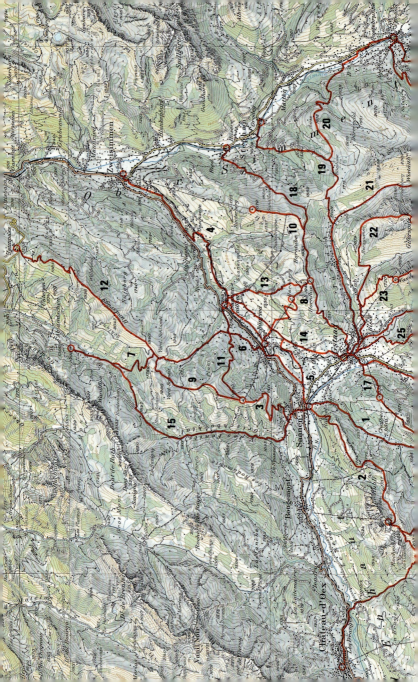

Zahlreich sind die lohnenden, abwechslungsreichen Höhenwanderungen im Saanenland. Vielfältig sind die Ausblicke, überwältigend die Rundsicht. So auch an der Route Eggli–Wildboden–La Videmanette (Route 30). Blick zum Felszahn der Gummfluh, an deren Fuss der Bergwanderweg verläuft. Wer Glück hat, findet nebst Blumen am Wege sogar Steinböcke. Selbst der Adler am Himmel ist nicht selten.

▶ Sommertag am Lauenensee (Routen 28, 33 und 43). Über dem See das Lauenehore und, von hier aus ganz winzig, der Gipfel des Giferspitz. Nach erfolgreichem Kampf der Lauener um ihren Geltenschuss wurde das Geltental im Jahre 1957 unter Schutz gestellt. Zwölf Jahre später wurde es zum jetzigen, rund 43 km messenden Reservat erweitert.

1 Saanen–Col de Jable–L'Etivaz

Bergweg ab Chalberhöni. Landschaftlich vielseitige Passwanderung von Saanen nach L'Etivaz an der Strasse zum Col des Mosses. Das liebliche Chalberhönital, die Alpen Gumm und Jable sowie der Berghang, der steil zur Torneresse abfällt und über welchen man nach l'Etivaz absteigt, machen die Wanderung trotz längeren Hartbelagsstrecken bis hinten ins Chalberhöni zum lohnenden Gang.

Route	Höhe in m	Hinweg	Rückweg
Saanen 🚂	1011	–	5 Std. 15 Min.
Chalberhöni	1330	1 Std. 10 Min.	4 Std. 15 Min.
Wild Boden	1651	2 Std. 30 Min.	3 Std. 15 Min.
Col de Jable	1884	3 Std. 15 Min.	2 Std. 45 Min.
Chalet Defrou	1750	3 Std. 45 Min.	2 Std.
L'Etivaz/Le Contour 🚂	1140	5 Std. 15 Min.	–

Vom Bahnhof *Saanen* (S. 103) wenige Meter talab und sogleich nach links über die MOB-Geleise und die Saane. Jenseits des Talflüsschens links talaufwärts. Bei der nächsten Strassenverzweigung rechts und leicht ansteigend an mehreren holzverarbeitenden Betrieben vorbei. Oben im Rüebeldorf, wo links eine Brücke über den Chalberhönibach führt, geradeaus hinein in den bewaldeten Einschnitt des Baches. Direkt dem Bach entlang in engen Kurven weiter aufwärts. Die Chalberhönistrasse wechselt auf die andere Bachseite. Wo sie in einer Linkskehre talauswärts ansteigend weiter Höhe gewinnt, in der bisherigen Richtung dem Bach entlang weiter. Zahlreiche Uferverbauungen und Schwellen aus Holz oder Stein bändigen das Bergwasser. Auf einer Schwelle wippt eine Wasseramsel; auch für die Bergstelze ist der Chalberhönibach ein geeigneter Lebensraum.
Nach rund 700 m Aufstieg neben dem Bach mündet unser Fahrweg wieder in die Chalberhönistrasse. Unmittelbar danach wird der Bach gequert und

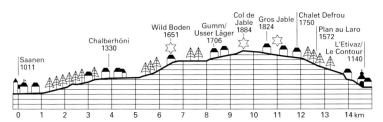

nun wieder rechts am Bach weiter aufwärts gegangen. Die Steigung lässt nach, der Talgrund wird breiter, rechts am Hang stehen die ersten sonnenbraunen Wohnhäuser und Scheunen des Chalberhönis. Am kleinen Schulhaus vorbei zum Wegweiser *Chalberhöni,* 1330 m, und weiter flach taleinwärts. Bei der Sesselbahn Chalberhöni–Pra Cluen (nur Winterbetrieb) Wechsel auf die andere Seite des Talbaches, der hier nur noch ein schmales Wässerchen ist. Nach ungefähr 200 m wird die Steigung stärker. Ein Blick zurück talauswärts zeigt uns im Hintergrund das Höhenwandergebiet Rellerligrat-Hundsrügg.

Am Fusse des breiten, bewaldeten und felsdurchzogenen Muttenhubels kehrt die Alpstrasse beim Wegweiser Bodenvorsass, 1400 m, nach links. Hier rechts auf dem Kiessträsschen weiter taleinwärts ansteigen. Kurz nach seiner zweiten Kehre links hangaufwärts. Zeitweise recht steil zieht sich der Weg im Wald hinauf zum Wild Boden, einer Einsattelung im Höhenzug zwischen Eggli und Gummfluh. Beim Wegweiser *Wild Boden,* 1651 m, kurz rechts hinauf zur Alphütte, links daran vorbei und bald darauf rechts aufwärts vom Strässchen weg. Hoch über dem Talkessel des Meielsgrund quert der Weg horizontal oder leicht sinkend den Weidehang und mündet in die Alpstrasse Richtung *Gumm/Usser Läger.* Auf der Strasse zu dieser Alp und weiter ansteigend zum Inner Läger. Über die Alpweidefläche ansteigend werden die noch fehlenden 110 Höhenmeter bis zum *Col de Jable* bewältigt.

Ein Rückblick von der Passhöhe zeigt uns nicht einen einzigen der vielen Berge des Saanenlandes. Hingegen ist der Blick Richtung Waadtländer Alpen recht reizvoll: rechts Rochers de Naye, links La Tornette, ganz hinten grüssen einige Zacken aus Savoyen herüber. Rechts am Hang steigt unser Weg nach der Kantonsgrenze leicht an und führt dann, eine Mulde querend und hier in einen schmalen Fahrweg mündend, hinab zur Alphütte *Gros Jable.* Leicht fallend auf etwas breiterem Fahrweg zur Hütte Petit Jable und weiter in gleicher Richtung am steilen Hang über einen Fussweg talauswärts. Der Weg quert Lawinenzüge, die sich von den hellen Felsgraten hoch über unserem Weg bis in den Talgrund der Torneresse hinab ziehen.

Bei *Chalet Defrou* sind bloss noch ein paar Mauerreste zu sehen. Hier wird der Weg zum Pfad, welcher stärker sinkend einen lockeren Fichtenbestand quert. Einige Zickzackkehren lassen uns weiter Höhe verlieren; die Nadelbäume werden kräftiger, ihr Bestand dichter. In der Lichtung *Plan au Laro,* 1572 m, wird bei der Wegverzweigung der Weg rechts gewählt, der sogleich wieder im Wald verschwindet. Schmale steile Lawinenzüge werden gekreuzt; bei etwas geringerer Hangneigung tauchen erste Waldlichtungen auf. Wie man aus dem Wald hinaustritt, sieht man hinab nach L'Etivaz – noch sind 300 Höhenmeter abzusteigen. Bald verschwindet der Weg wieder im

Wald und führt in gleichmässigem Gefälle abwärts. Vom Waldrand weiter nach unten an einer Scheune und einem Wohnhaus vorbei zur kleinen Kapelle von *L'Etivaz* (S. 99). Gleich nach der Kapelle quer über ein Strässchen und den Feldweg hinab in die Hauptstrasse. Wenige Meter nach links zur Post in der Strassenrechtskurve, wo man die Billette für die Postautofahrt hinab nach Château d'Oex beziehen kann.

2 Saanen–La Videmanette–Château-d'Oex

Bergweg bis Les Paccots. Die abwechslungsreiche Bergwanderung verbindet zwischen den steilen Kletterbergen der Rubli- und Gummfluhmassive hindurchführend die Bezirkshauptorte des Saanenlandes und des Pays d'Enhaut. Steiler Abstieg im landschaftlich grossartigen Talkessel des Naturschutzgebietes La Pierreuse. In Saanen wenige m und und am Schluss 4 km Hartbelag.

Route	Höhe in m	Hinweg	Rückweg
Saanen	1011	–	6 Std. 30 Min.
Dorfflüe	1434	1 Std. 15 Min.	5 Std. 15 Min.
La Videmanette	2158	3 Std. 45 Min.	4 Std.
Gérignoz	959	6 Std.	30 Min.
Châteaux-d'Oex	958	6 Std. 30 Min.	–

Vom Bahnhof *Saanen* (S. 103) wenige Meter talab und sogleich links über die MOB-Geleise und die Saane. Jenseits des Talflüsschens in gleicher Richtung weiter, bei der Verzweigung nach 100 m rechts. Bald beginnt der Weg zu steigen und führt in mehreren Zickzackkehren durch den Allmiwald hinauf in die Mulde zwischen Cholis Grind (links) und Grichtsflue. Weiter im Wald ansteigend gewinnt man in einer weiten Kehre rund 120 Höhen-

meter, bevor man bei einer Verzweigung links hält. Durch dichte Fichtenbestände und an einer früheren Weidehütte vorbei weiter aufwärts. Der Föhnsturm zerstörte hier auf den *Dorfflüe* im Jahr 1982 grosse Waldflächen. Es wird Jahrzehnte dauern, bis auf dem felsigen Grund eine neue Baumgeneration herangewachsen sein wird.
Leicht abwärts zum Wegweiser *Oberi Dorfflüe,* 1630 m, wo es geradeaus weiter geht. Wieder steigt der Weg, wird flacher, senkt sich in waldgesäumte Mulden, steigt steiler an und führt einige Meter abwärts zur Alphütte *Dürriberg.* Hier halbrechts und am Hang über dem Chalberhönital horizontal weiter. Der Hang wird steil, ist teilweise felsig – Vorsicht! Man gelangt auf eine Weideegg und steigt rechts haltend weglos noch etwas an. Nun taucht das breite Massiv der Gummflue auf; rechts steht ebenfalls breit das Rüeblihore oder Le Rubli, wie wir nun sagen müssen, denn soeben haben wir Waadtländer Boden betreten. Links vom Rubli sind die Seilbahn- und Restaurantgebäude der Videmanette sichtbar. Bevor man zu ihnen aufsteigen kann, geht es leicht abwärts in den Alpweidesattel von *Ruble,* Pt. 1774.
Etwa 200 m nach dem Wegweiser bei der Fahrwegverzweigung rechts und auf Pfadspuren über die breite Egg empor. In ebeneres Gelände eingebettet sind die Alpseelein Les Gouilles. Weiter in die Talmulde hinein (nun wieder über einen Weg) und im Zickzack hinauf ins Skipistentrassee, welches in schlimmster Weise in den Hang hineingemurkst worden ist. Nach rechts zum Restaurant der *Videmanette,* oder noch etwas weiter in die Gartlücke vor dem Rubli, um den Blick hinab nach Rougemont zu geniessen. In der Gegenrichtung überblickt man das Saanenland, und die Hochalpengipfel der Berner Alpen zeigen sich vom Wetter- bis zum Oldenhorn lückenlos.
Über dem Pistentrassee an der Cabane de la Videmanette vorbei den steilen Hang in südwestlicher Richtung horizontal queren und kurz dem Grat folgen. Nun rechts halten und den Hang über einem weiten Kessel wieder fast horizontal queren. Dolomitenähnlich präsentiert sich der Talabschluss der Pierreuse. Seit 1959 steht diese Landschaft unter Schutz. Von Pt. 2128 aus geht es im Zickzack steil abwärts. Als ich im Abstieg um eine Egg herum in einen Graben einbog, erschrak ich ebenso sehr wie der Steinbock, welcher sich auf dem Pfad ausruhte, nun aufsprang und die steile Böschung hochkletterte. Friedlich daliegend und wiederkäuend genossen in grösserer Entfernung Gemsen den sonnigen Herbsttag. Und über den Felsen des Rocher Plat segelte ein Steinadlerpaar mit seinem im Frühjahr erbrüteten Sprössling im Aufwind.
Kurz nachdem man erstmals nach Château d'Oex hinab sehen kann, wechselt der Pfad von der offenen Gems- und Steinbockweide in einen Grünerlenbestand. Bald werden auch die ersten Fichten erreicht, und ohne Unterbruch zieht sich der Weg weiter abwärts bis in den Talboden bei *Les*

Paccots, Pt. 1280, wo er in die Alpstrasse mündet. Über diese rechts oder links der Gérine absteigend, verlieren wir bis hinab nach Gérignoz weitere 330 Höhenmeter. Bei der Säge von *Gérignoz* links, nach 200 m rechts und über die Saane (La Sarine). Aber ja nicht etwa mitten über die Brücke gehen, sondern ans Geländer treten und hinab schauen in die Tiefe der dunklen Schlucht!

Durch den Strassentunnel – nach dem Tunnel Blick zurück hinauf ins Pierreusetal – aufwärts nach *Les Granges* in die Hauptstrasse. Ist gerade ein Regionalzug Richtung Saanen fällig, wird nach 100 m rechts zur Haltestelle abgezweigt (Halteknopf drucken). Andernfalls weiter und bald von der Hauptstrasse nach links und parallel zur verkehrsreichen Strasse bis zum Anfang der Umfahrungsstrasse von *Château-d'Œx*. Hier nach rechts auf die Zufahrt Richtung Dorf, diese nach 100 m links verlassen und auf schmaler Strasse die letzte Wegstrecke ins Zentrum des Hauptortes des Pays d'Enhaut zurücklegen.

3 Saanen–Rellerligrat

Bergweg ab Underbort. Lohnender Aufstieg über mehrheitlich offene Weideflächen mit prächtigen Ausblicken übers Saanenland. Hartbelag während der ersten halben Wegstunde bis Underbort.

Route	Höhe in m	Hinweg	Rückweg
Saanen 🚂	1011	–	1 Std. 40 Min.
Underbort	1151	30 Min.	1 Std. 20 Min.
Gspan	1554	1 Std. 40 Min.	30 Min.
Rellerligrat	1831	2 Std. 30 Min.	–

Vom Bahnhof *Saanen* kurz den Schienen entlang talaus bis ans Bahnhofende und rechts durchs Dorf. Quer über die Hauptstrasse, ansteigend an der Kirche vorbei. Bei je einer Verzweigung neben und oben am Friedhof ge-

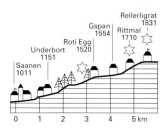

radeaus. Auf der Hauptstrasse Richtung Saanenmöser einige Meter nach links, dann rechts hinauf über einen Treppenweg. Kurz darauf kreuzt, der Weg, das «Bortgässli», wieder die Hauptstrasse und steigt weiter an.
Zwei Strässchen werden gekreuzt, und in steilerem Anstieg wird die Siedlung *Underbort* erreicht. Vom Wegweiser aus etwa 100 m rechts über die Strasse, bei der Kreuzung links und gleich darauf rechts auf einen Fahrweg. In angenehmer Steigung folgt dieser einem kleinen Tälchen, welches durch ein Miniaturbächlein am Wegrand entwässert wird. Wo sich der Weg links aufwärts zieht, sieht man durch die Haselstauden übers Saanenland zum Wildhorn und zu weiteren Bergen im Talhintergrund. Vor einer Scheune in einer Waldlichtung links und stark ansteigend den locker bewaldeten Hang hinauf. Rechts an einer Maiensässhütte vorbei wird beständig steigend die offene Weide gequert. Von einem kleinen Bach aus horizontal talauswärts und nach einer weiteren Hütte bei der Wegverzweigung rechts hangaufwärts.

Vielfältig ist die Flora im Saanenland. Das Polsterleimkraut lässt sich an folgenden Merkmalen erkennen: flache Polster, Stengel sehr kurz und dicht beblättert. Es kommt auf Schutthalden und Felsen, vorzugsweise auf Kalk vor und blüht von Juni bis August.

Bald steht man auf der breiten *Roti Egg,* welche sich ins Grischbachtal hinunter zieht. Sehr schöner Ausblick übers Pays d'Enhaut mit dem Dorf Rougemont im Vordergrund. Über die Egg hinauf ansteigend bietet sich bald auch ein Prachtsblick über das Saanenland. Nach einer kurzen Waldpartie scharf rechts und beinahe horizontal rund 700 m hinüber zur Alp *Gspan*. Beim zweiten Alpgebäude halblinks, leicht ansteigend bis zu einer Fichtenreihe. Links vom Alpfahrweg abzweigend steigt man neben den Stämmen an. Bald hält man rechts und steigt an einer weiteren Fichtenreihe direkt in Richtung der Alphütte *Rittmal* auf. Im Mittelalter stand hier eine Hochwacht, ein «Chutz», der die Feuersignale von der Flüeweid ob St. Stephan aufnahm und nach Rougemont und Château d'Oex weitergab.
Unter der Hütte holt der Weg etwas nach links aus und führt nach der Hütte links auf die Egg. Eine Weile geht es noch recht steil nach oben, gegen den Rellerligrat flacht sich der Weiderücken etwas ab. Schon während des Aufstiegs über Gspan – Rittmal und jetzt auf dem *Rellerligrat* ist die Aussicht übers Saanenland und die benachbarten Regionen umfassend.

# 4 Saanen–Saanenmöser–Zweisimmen

Die «Passwanderung» vom Hauptort des Saanenlandes in den Hauptort des Obersimmentals ist ein recht abwechslungsreicher Spaziergang. Hartbelag wechselt mit Kiessträsschen und Naturwegen.

Route	Höhe in m	Hinweg	Rückweg
Saanen 🚂	1011	–	3 Std. 30 Min.
Schönried 🚂	1230	1 Std.	2 Std. 35 Min.
Saanenmöser 🚂	1269	1 Std. 45 Min.	2 Std.
Öschseite 🚂	1163	2 Std. 30 Min.	1 Std.
Zweisimmen 🚂 🚃	941	3 Std. 15 Min.	–

Am Bahnhof *Saanen* (S. 103) neben den Geleisen kurz talaufwärts und beim ersten Haus halblinks hinüber in die Hauptstrasse. Hier rechts und quer über die Kreuzung; geradeaus auch bei der Abzweigung zum Spital. Am Ende des Strässchens kurz links, dann rechts. Bei der Einmündung des Weges in das nächste Strässchen links. Kurz nachher rechts über den Chouflisbach und wenige Meter danach, beim Wegweiser *Farb,* 1038 m, links. Den Bach überschreiten, der in den Chouflisbach mündet. Bald zieht sich der Wanderweg in Form einer alten Fahrweggasse recht steil eine Gelänerippe empor. Rechterhand schöner Ausblick das Saanetal aufwärts und zu den Bergen beidseits des Tales. Die Steigung lässt nach, der Fahrweg wird zum Fussweg. Einige hundert Meter folgt er dem Waldrand, entfernt sich dann nach rechts von ihm. Über ein Gütersträsschen nähert man sich wieder dem Chouflisbach. Leicht sinkend zur Brücke und jenseits hinauf in die Hauptstrasse Saanen–Saanenmöser. Hier auf dem Trottoir rechts.

An Geschäften und Hotels vorbei rund 400 m bis zur Strasse, die rechts zur Station *Schönried* abzweigt. Die Bahnlinie kreuzen und bei der Strassenverzweigung nach dem Parkplatz links. Etwa 100 m nachher wieder links, von der Strasse weg auf den Promenadenweg. Gut einen Kilometer verläuft er

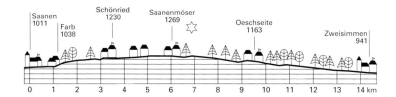

flach, steigt anschliessend leicht an. Ein Strässchen wird gekreuzt, und wieder ebenen Weges einen weiteren Kilometer bis Saanenmöser.
Vor der Station *Saanenmöser* rechts schwenken und der Bahnlinie entlang Richtung Zweisimmen. Beim Tunnel-Ostportal senkt sich das Strässchen in einen Graben hinab und führt direkt unter der MOB-Brücke über den Horebach. Leicht steigend aus dem bewaldeten Graben hinaus, direkt in Richtung der Hinderen Spillgerte, die jenseits des Simmentals aufragt. Steil abwärts an zwei kräftigen Bergahornen vorbei zu einem kleinen Wasserlauf, nach welchem es wieder aufwärts geht. Auf dem nun asphaltierten Strässchen hinab in den Chaltebrunnegrabe; danach steigt es wieder an bis jenseits des Bahnübergangs. Nach etwa 200 m folgt ein weiterer Bahnübergang, und bald wird der Wegweiser *Oeschseite,* 1163 m, erreicht. Ein Weitergehen auf dem Hartbelags-Strässchen über Romestalde-Alteried bis hinunter nach Zweisimmen empfiehlt sich nur bei schlechtem Wetter.
Sehr viel reizvoller ist der Weg im Simmegrund am Ufer der Kleinen Simme. Also beim erwähnten Wegweiser links das Strässchen abwärts und gleich nach der Hängelenbrücke, 1107 m, rechts auf den Simmeufer-Fusspfad. Ab und zu wird eine steile Uferpartie mit einer kurzen Steigung am Hang umgangen. Mehrmals stehen Felsblöcke am rauschenden Wasser, auf welchen Baumstämmchen herangewachsen sind. Nur wenn links oben auf der Hauptstrasse ein Benzinheld mit besonders schwerem Gaspedalfuss Richtung Saanenmöser röhrt, werden wir daran erinnert, dass wir ganz in der Nähe der Zivilisation unterwegs sind.

Kontraste sind im Saanenland recht häufig: Hier vom Tourismus geprägte Ortschaften, daneben ländliche Streubauweise. Hier schroffe Bergkanten, daneben liebliche Alpweiden. Hier erstes Schneegleissen im Spätsommer, daneben üppiges Grün der Matten und Wälder. Blick über Schönried (Routen 4, 6–8) zur sanften «Passhöhe» der Saanenmöser. Im Hintergrund die frischverschneite Kuppe der Spillgerte-Gruppe und der Gandlouene-Grat.

Ein schmaler Steg leitet hinüber auf das rechte Ufer der Kleinen Simme. Vor dem Schwimmbad Zweisimmen wird der Weg breiter, dann zum Strässchen, welches weiter in leichtem Gefälle ins Dorf *Zweisimmen* (S. 105) führt. Am Dorfeingang wird leicht rechts gehalten, auf der Hauptstrasse im Dorf geht man etwa 50 m links, bis die Bahnhofstrasse nach rechts zum Bahnhof der MOB/SEZ führt.

5 Saanen–Gruben–Hornberg

Bergweg ab Gruben. Angenehmer Aufstieg ohne steile Wegabschnitte auf den Hornberg (und die nahe Hornflue mit umfassender Sicht übers Saanenland). Nur ein km Hartbelag.

Route	Höhe in m	Hinweg	Rückweg
Saanen 🚌	1011	–	2 Std.
Gruben 🚌	1140	35 Min.	1 Std. 30 Min.
Haldis Bärgli	1535	1 Std. 45 Min.	45 Min.
Horneggli	1770	2 Std. 30 Min.	15 Min.
Hornberg (Uf de Chessle)	1811	2 Std. 45 Min	–

Am Bahnhof *Saanen* (S. 103) neben den Geleisen kurz talaufwärts und beim ersten Haus halblinks hinüber in die Hauptstrasse. Hier rechts und quer über die Kreuzung; geradeaus auch bei der Abzweigung zum Spital. Am Ende des Strässchens kurz links, dann rechts, bei der Einmündung des Weges in das Strässchen links. Kurz nachher rechts über den Chouflisbach, wenige Meter danach wieder rechts und in leichter Steigung über den Feldweg Richtung *Gruben* ansteigen. Etwas steiler den Fahrweg hinauf zur Haltestelle; links über die Geleise und wo das Strässchen links umbiegt, geradeaus auf einen Feldweg. Er zieht sich über einen breiten Wiesenbuckel, und man geniesst von hier aus einen erstaunlich weiten Überblick über fast das ganze Saanenland.

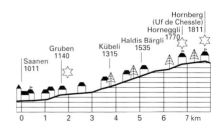

Saanen 26

Ein Fahrsträsschen leitet uns rechts am MOB-Geleise hinauf in die Strasse Gruben-Schönried, welcher wir links haltend während 400 m folgen. Nun geht es einem kleinen Wasserlauf entlang rechts hangaufwärts. Bei einer «Kreuzung» Wechsel auf die andere Bachseite. Etwas weiter oben links vom Bach weg und weniger steigend zum Wegweiser *Kübeli,* 1315 m. Kurz rechts hinauf neben dem Bach, diesen nach links überschreiten und durch einen alten Hohlweg im Schatten von Fichten auf die Weiden von Wittere. In der Fallinie aufwärts und bei der Verzweigung im oberen Teil der Weide rechts. Kurze Waldpartien wechseln mit Weideland im weitern Aufstieg zur Alp *Haldis Bärgli,* Pt. 1535. 99 m höher oben liegt die Sennhütte Hornegghi. Auf Haldis Bärgli schwenkte unser Weg nach links, hier geht es nun rechts

haltend weiter. In einem weiten Bogen nach Westen ausholend, erreicht der Fahrweg die Bergstation der Sesselbahn Schönried-*Horneggli*. Bei der Station links und am Osthang der Hornflue ohne erwähnenswerte Steigung zu den Berggasthäusern am *Hornberg (Uf de Chessle)*. Im Osten sind Albristhorn, Doldenhorn, Altels und Wildstrubel zu sehen; es folgen die Berge des Saanenlandes mit dem Giferspitz jenseits des Turbachtales und die Diableretsgruppe. Noch umfassender ist die Sicht von der nahen Hornflue, die über die Weide rechts ansteigend in 30 Minuten erreicht wird.

Die Montreux-Berner Oberland-Bahn (MOB) verbindet Montreux über Gstaad mit Zweisimmen. Die beiden Paradezüge «Panoramic-» und «Superpanoramic-Express» sind unter Eisenbahnfreunden in der ganzen Welt ein Begriff. Begegnung mit dem «Panoramic-Express» am Wanderweg oberhalb Gruben (Route 14).

6 Schönried–Grossi Vorschess–Rellerligrat

Leichter Aufstieg auf den aussichtsreichen Rellerligrat. Zu Beginn 1½ km Hartbelag.

Route	Höhe in m	Hinweg	Rückweg
Schönried 🚂	1230	–	1 Std. 20 Min.
Grossi Vorschess	1660	1 Std. 20 Min.	20 Min.
Rellerligrat 🚠	1831	1 Std. 50 Min.	–

Von der Station *Schönried* kurz ansteigen und die Hauptstrasse kreuzen. Eine Treppe benützend, gelangt man in ein Strässchen. Man folgt ihm um eine weite Linkskurve, steigt danach rechts abzweigend an einem Bächlein auf. Bald geht es wieder rechts auf dem Strässchen in leichter Steigung weiter. Die Steigung lässt nach, und beim Wegweiser *Sumeli,* 1383 m, wird links gehalten. Wo der Hartbelag aufhört, leicht links, bei der gleich folgenden Fahrwegverzweigung rechts. Bald nach einer Waldpartie mit Linkskehre verzweigt sich der Fahrweg erneut. Wir halten wieder rechts, ebenso weiter oben auf einer fast ebenen Weidefläche. In mehreren Schleifen zieht sich der Fahrweg über die *Grossi Vorschess* empor. Kurz nachdem rechts der Fahrweg Richtung Plani abzweigt, biegt unser Fahrweg in die vorerst bewaldete weite Mulde des *Hugelis* ein. Gegen die Alphütte zu verliert man etwas Höhe, anschliessend steigt man in leichtem Anstieg bis zum *Rellerligrat.* Er bietet eine vorzügliche Übersicht über Berge und Täler des Saanenlandes und des benachbarten Pays d'Enhaut.

Nebenroute: Grossi Vorschess–Hugeligrat–Rellerligrat 45 Min.
Eine kurze Nebenroute, die sich bei klarer Sicht lohnt. Oben auf der Grossi Vorschess – bald nach der Fahrwegabzweigung Richtung Plani – rechts hangaufwärts. Auf einem Weidelandstreifen zwischen Fichten, später weniger steil wird über einen offenen Geländerücken Höhe gewonnen. Der Pfad

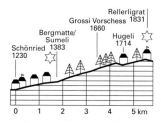

mündet in den Höhenweg Hundsrügg-Rellerligrat. Er steigt leicht an zum Hugeligrat, sinkt in leichtem Gefälle in den Gratsattel zwischen Hugeli- und Rellerligrat und nach 20 m Gegensteigung ist das Ziel erreicht. Dies etwa eine Viertelstunde später, als wenn man den direkten Weg gegangen wäre.

7 Schönried–Bire–Abländschen

Bergweg ab Simne. Abwechslungsreicher Übergang ins stille Tal von Abländschen. Im Aufstieg wechseln Wiesen und Weiden mit Waldpartien; der lange Wegabschnitt im Schwylaubwald bildet den Höhepunkt des Abstiegs. Die beiden ersten und der letzte km Hartbelag.

Route	Höhe in m	Hinweg	Rückweg
Schönried 🚂	1230	–	3 Std. 15 Min.
Bergmatte/Sumeli	1383	30 Min.	3 Std.
Bire	1789	2 Std.	2 Std.
Herrenschwändli	1350	2 Std. 40 Min.	45 Min.
Abländschen 🚌	1269	3 Std. 15 Min.	–

Von der Station *Schönried* kurz hinauf, die Hauptstrasse queren und über die Treppe weiter nach oben. Auf dem Strässchen rechts und in weiter Linkskurve zu einem Bächlein. Rechts an diesem aufwärts und wieder rechts auf dem Strässchen in leichter Steigung hangaufwärts. Schöner Ausblick: Über den Saanenmöser der Felsgipfel der Hinteren Spillgerte, im Süden das Tal der Saane mit dem Oldenhorn. Bei den beiden Wegweisern *Sumeli,* 1383 und 1380 m, geradeaus. In geringer Steigung nähert sich das Strässchen dem Tal der Kleinen Simme. In weiterhin mässiger Steigung über Weiden und zwischen Fichtengruppen taleinwärts. Bei *Simne,* Pt. 1442, rechts über die hier wirklich nur noch schmächtige Kleine Simme. Nach der Brücke

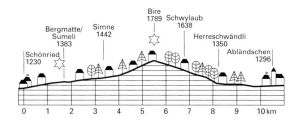

Der Gemsbock ist meist ein Einzelgänger, sieht man von der Brunftzeit ab. Während das auffällig rauhe Sommerfell rötlichbraun getönt ist und einen schwarzen Rückenstrich aufweist, wirkt das längere Winterkleid fast schwarz. Auffällig ist die gewaltige Sprungkraft der Gemse.

links und direkt am Bach weiter ins Tal hinein. Der Alpfahrweg beginnt stärker hangaufwärts zu steigen, das Rauschen des Baches wird leiser. Man kreuzt die Hochspannungsleitung, welche vom Wallis über den Sanetschpass und durch das Saanenland ins Mittelland führt. Beständig, abschnittweise recht steil, steigt der Fahrweg an, windet sich um Hügel herum und zieht sich durch Mulden hindurch. Von der stattlichen Alphütte *Bire,* Pt. 1789, ist bei klarem Himmel über den Sanetschpass das breite Massiv des Grand Combin in den Walliser Alpen zu sehen. Bei der Hütte links, weglos oder Pfadspuren entlang ganz leicht ansteigen. Nachher abwärts haltend eine Mulde queren und links am Hang weiter schräg nach unten (nicht auf die Alphütte Gruebe zuhalten!) auf die sich von links herunterziehende Egg. Um diese Egg herum in den steilen, mit Grünerlen und Vogelbeerbäumen bestandenen Hang. Urwüchsig wild – flechtenbehangen die Bäume, farnbewachsen der Boden – sind die obersten Lagen des *Schwylaubwaldes,* durch den unser Weg in wechselnder Richtung in den Talgrund des Jäunlis hinunter führt. Gegen 400 m Höhe verlieren wir dabei. Nach links über den Bach, kurz darauf vor einer kleinen Remise rechts und bald wieder links haltend einen weiteren Bach überschreiten. Nun über einen Fuss-, später einen Fahrweg links dem Bach entlang talauswärts. Etwa 300 m weit geht man anschliessend auf einer Alpstrasse, bevor man rechts schräg abwärts gehend von ihr abzweigt. Weiter im Wald und vom Waldrand aus auf ein Bauernhaus zuhalten, gleich danach auf die Strasse. Auf ihr hinab zur Kreuzung im Hüsligrabe (Pt. 1279, links halten) und wenige m ansteigend zu den verstreut am Hang liegenden Häusern von *Abländschen.*

8 Schönried–Hornberg–Gstaad

Bergweg. 580 m Aufstieg, 750 m abwärts nach Gstaad – eine nicht schwierige Bergwanderung mit sehr schönen Ausblicken. Nur zu Beginn und am Schluss je einige hundert m Hartbelag.

Route	Höhe in m	Hinweg	Rückweg
Schönried	1230	–	3 Std. 45 Min.
Horneggli	1770	1 Std. 40 Min.	2 Std. 30 Min.
Hornberg (Uf de Chessle)	1811	2 Std.	2 Std. 10 Min.
Gfell	1687	2 Std. 20 Min.	1 Std. 40 Min.
Gstaad	1050	3 Std. 30 Min.	–

Bei der Station *Schönried* kurz den Geleisen entlang Richtung Gstaad. Bei der Barriere links, ebenso bei der Strassenverzweigung nach etwa 50 m. Neben der Sesselbahnstation vorbei und leicht aufwärts auf einen flachen Boden. In der weiten Linkskurve des Strässchens rechts abzweigen. In

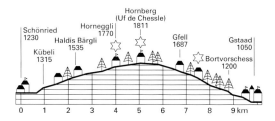

Schönried

Richtung Waldrand ansteigend wird die Sesselbahn gekreuzt, was sich im weiteren Anstieg zum Horneggli noch fünfmal wiederholen wird. Am Waldrand nach oben und beim Wegweiser *Kübeli,* 1315 m, den Wanderweg Saanenmöser-Schlittmoos-Gstaad queren. Kurz rechts hinauf neben dem Bach und durch einen alten Hohlweg im Schatten von Fichten auf die Weiden von Wittere. In der Fallinie aufwärts und bei der Verzweigung im oberen Teil der Weide rechts. Kurze Waldpartien wechseln mit Weideland im weitern Aufstieg zur Alp *Haldis Bärgli,* Pt. 1535. 99 m höher oben liegt die Sennhütte Horneggli. Auf Haldis Bärgli schwenkte unser Weg nach links, hier geht es nun rechts haltend weiter.

Die Waldmaus ist häufig in Wäldern, aber auch in Gärten und Hecken anzutreffen. Sie trägt ein gelblichbraunes Fell mit silbergrauer Unterseite. Auffällig gross sind Augen und Ohren. Sie frisst vor allem Eicheln, Buch- und Haselnüsse.

In einem weiten Bogen nach Westen ausholend erreicht der Fahrweg die Bergstation der Sesselbahn Schönried–*Horneggli.* Bei der Station links und am Osthang der Hornflue ohne erwähnenswerte Steigung zu den Berggasthäusern am Hornberg. Im Osten sind Albristhorn, Doldenhorn, Altels und Wildstrubel zu sehen; es folgen die Berge des Saanenlandes mit dem Giferspitz jenseits des Turbachtales und die Diableretsgruppe. Noch umfassender ist die Sicht von der nahen Hornflue, die über die Weide rechts ansteigend in 30 Minuten erreicht wird. Am *Hornberg (Uf de Chessle)* rechts. Zuerst flach, alsbald leicht sinkend auf der Alpstrasse abwärts – immer mit prächtigem Ausblick übers Saanenland und Pays d'Enhaut. In weiten Kehren über die Alp *Gfell* hinunter. Bald nach den Alphütten werden die Kehren enger. Von Obere Stutz, Pt. 1547, links abwärts. Der unterschiedlich breite Weg sinkt ständig, über Weide oder durch kürzere und längere Waldpartien abwärts führend.

Kurz nach dem Wegweiser *Bortvorschess,* 1200 m, bei der Abzweigung rechts am Waldrand entlang. Dann nach links, über eine Wegkreuzung und rechts haltend auf eine Geländerippe über der Chäle. Nun um die Rippe herum und in wechselnder Richtung an nicht gerade ärmlichen Chalets vorbei über Strassen zum Palace-Hotel hinunter. Gleich nach der Palace-Einfahrt links hinab abzweigend und tiefer unten wieder in die Palace-Strasse einmündend ins Zentrum von Gstaad. Durch die MOB-Überführung rechts, gleich danach links zum Bahnhof *Gstaad* (S. 100).

9 Rellerligrat–Hundsrügg–Jaunpass

Bergweg. Eine Höhenwanderung im wahrsten Sinn des Wortes! Die Alpweide-Pfade am Hundsrügg gewähren weite Ausblicke über Täler und Dutzende von Vor- und Hochalpengipfeln. Nur am Schluss Hartbelag.

Route	Höhe in m	Hinweg	Rückweg
Rellerligrat	1831	–	4 Std.
Hugeligrat	1898	15 Min.	3 Std. 45 Min.
Bire	1789	1 Std. 15 Min.	2 Std. 45 Min.
Hundsrügg	2046	2 Std. 10 Min.	2 Std.
Oberenegg/Hürli	1800	3 Std.	50 Min.
Jaunpass	1504	3 Std. 40 Min.	–

Der Ausgangspunkt *Rellerligrat* wird ab Schönried in neunminütiger Gondelbahnfahrt erreicht. Die Höhenwanderung beginnt mit einem leichten Abstieg in den Sattel des breiten Weidegrates zwischen Rellerli- und Hugeligrat. Zum *Hugeligrat* steigt der Weg an und man geniesst einen umfassenden Panoramablick. Wieder senkt sich der Pfad und zieht sich am teilweise bewaldeten Westhang des *Planihubels* horizontal zum Wegweiser Pt. 1768. Hier hält man rechts und gelangt zuerst leicht ab- dann ansteigend, den Osthang des Schneitgrates querend, auf die Alp *Bire*. Von der stattlichen Alphütte ist bei klarem Himmel über dem Sanetschpass das breite Massiv des Grand Combin in den Walliser Alpen zu sehen. Nach der Hütte etwas absteigen und bald rechts vom Weg abzweigen, der zur Alp Gruebe hinabführt. Der Pfad quert den Westhang des Birehubels und steigt an zum Sattel Pt. 1840. Hier wird links gehalten und auf kurzer Strecke gut 100 Höhenmeter gewonnen. Immer über Alpweiden und an einem kleinen Seelein vorbei, bei nachlassender Steigung. Vor dem höchsten Punkt des Hundsrüggs wird der Grat schmaler. Auf dem letzten km ist nur noch wenig Steigung zu bewältigen, dann steht man auf dem *Hundsrügg*. Nur magere

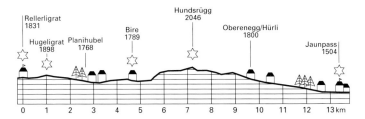

Schönried 34

2046 m hoch ist dieser grüne Weidebuckel – aber was für eine Sicht geniesst man hier oben! Hinab ins Tal von Abländschen fällt der Blick, schweift darüber hinweg zu den Felszacken der Sattelspitzen und Gastlosen, wandert ringsum zu unzähligen lockenden Wander- und Tourenzielen in den Vor- und Hochalpen. Im Südwesten grüsst Europas höchster Punkt, die weisse Firnkuppe des Mont Blanc. Nach ausgiebiger Rast geht es in der vorher innegehabten Richtung weiter. Während 2½ km folgt unser Pfad dem allmählich fallenden Grat bis zur Alphütte *Hürli*, Pt. 1800. Unterhalb der Hütte zieht sich der nun breitere Weg links um die Egg. Rechts hinab abzweigend geht es zu den Hütten am Oberenegg Läger und über die Alpstrasse weiter abwärts in Richtung Jaunpass. Nadelwaldpartien wechseln mit Alpweide, das letzte Wegstück ist flach, und schon ist das Ziel, die Passhöhe des *Jaunpasses* (S. 101), erreicht.

10 Horneggli–Gandlouenegrat–Rinderberg

Bergweg. Eine kurze Wanderung – ein Bergspaziergang – aber welche Aussicht über die Berge des Saanenlandes und des Simmentals! Naturweg.

Route	Höhe in m	Hinweg	Rückweg
Horneggli	1770	–	1 Std. 50 Min.
Hornberg (Uf de Chessle)	1811	20 Min.	1 Std. 30 Min.
Parwenge	1836	1 Std.	50 Min.
Gandlouenegrat	2078	2 Std.	15 Min.
Rinderberg	2004	2 Std. 10 Min.	–

Der Horneggli-Sessellift wird von der Station Schönried aus in wenigen Minuten erreicht; er überwindet in acht Minuten einen Höhenunterschied von 537 m. Vom *Horneggli* aus kaum ansteigend an den Nordosthang der Hornflue und über schwach geneigte Alpweide zum *Hornberg (Uf de*

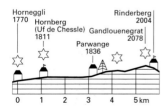

Chessle). Bei den Berggasthäusern links und auf dem Fahrweg hoch über dem Turbachtal den Westhang der Horntube queren. Der Fahrweg verläuft flach und steigt erst gegen die Alphütte *Parwenge* zu leicht an. Nun wechselt man auf den Fusspfad, welcher vorerst leicht, später etwas steiler zum *Gandlouenegrat* ansteigt. Auf dem Grat wechseln flache Zwischenstücke ab mit leichten Steigungen. Grossartig ist der Ausblick schon, bevor man den höchsten Gratpunkt erreicht. Hier öffnet sich der Blick auch hinab nach Zweisimmen, und wollte man jeden der ringsum sichtbaren Vor- und Hochalpengipfel erwähnen, so dürfte die Liste mindestens eine halbe Seite dieses Wanderbuches füllen. Nach einem kurzen Abstieg steht man 70 m tiefer unten bei der Bergstation *Rinderberg* der Gondelbahn. Sie bringt uns in 17 Minuten über eine Distanz von 5102 m hinab nach Zweisimmen. Dabei verlieren wir eine Höhe von 1060 m.

▶ **Ausblick vom Gandlouene-Grat (Route 10). Unter dem Nebelmeer Chaltebrunnetal und Saanenmöser. Darüber Waadtländer und Freiburger Alpen vom Vanil Noir bis zu den Sattelspitzen.**
▼ **Die Ausblicke von den Höhenwegen im Saanenland überraschen immer von neuem: Auf dem Höhenweg Horneggli–Rinderberg (Route 10). Im Mittelgrund Wasserngrat (links) und Höhi Wispile, im Hintergrund die Diablerets-Gruppe.**

11 Saanenmöser–Grossi Vorschess–Rellerligrat

Leichter Aufstieg zum aussichtsreichen Rellerligrat. Zu Beginn ein km Hartbelag.

Route	Höhe in m	Hinweg	Rückweg
Saanemöser 🚌	1269	–	1 Std. 20 Min.
Grossi Vorschess	1660	1 Std. 20 Min.	20 Min.
Rellerligrat 🚠	1831	1 Std. 50 Min.	–

Von der Station *Saanenmöser* kurz neben den Geleisen Richtung Gstaad. Am Bahnhofende wird die Bahnlinie bei der Barriere überschritten, nach kurzem Anstieg auch die Hauptstrasse Zweisimmen-Saanen. Jenseits der Strasse rechts, bei der Verzweigung am Ende der Linkskurve links. Während rund 700 m steigt nun unser Strässchen mehr oder weniger in Waldrandnähe leicht an. Wo es sich verzweigt, rechts in den Wald hinein. Am Ende des Waldes beim ersten Wegweiser mit der Standortangabe Sumeli (1380 m) links; beim zweiten *(Bergmatte/Sumeli,* 1383 m) rechts. Wo der Hartbelag aufhört, leicht links, bei der gleich folgenden Fahrwegverzweigung rechts. Bald nach einer Waldpartie mit Linkskehre verzweigt sich der Fahrweg erneut. Wir halten wieder rechts, ebenso weiter oben auf einer fast ebenen Weidefläche. In mehreren Schleifen zieht sich der Fahrweg über die *Grossi Vorschess* empor. Kurz nachdem rechts der Fahrweg Richtung Plani abzweigt, biegt unser Fahrweg in die vorerst bewaldete weite Mulde des *Hugelis* ein. Gegen die Alphütte zu verliert man etwas Höhe, anschliessend steigt man in leichtem Anstieg bis zum *Rellerligrat.* Er bietet eine vorzügliche Übersicht über Berge und Täler des Saanenlandes und des benachbarten Pays d'Enhaut.

Nebenroute Grossi Vorschess–Hugeligrat–Rellerligrat 45 Min. (S. Route 6)

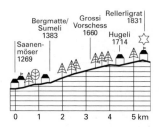

12 Saanenmöser–Hundsrügg–Jaunpass

Bergweg ab Simne. Angenehmer Aufstieg und Höhenwanderung über Alpweiden zum Hundsrügg mit seiner ringsum offenen Aussicht. Zu Beginn gut ein km, gegen Ende einige hundert m Hartbelag.

Route	Höhe in m	Hinweg	Rückweg
Saanenmöser 🚂	1269	–	4 Std. 15 Min.
Bire	1789	2 Std.	2 Std. 45 Min.
Hundsrügg	2046	3 Std.	2 Std.
Oberenegg/Hürli	1800	3 Std. 50 Min.	50 Min.
Jaunpass 🚌	1504	4 Std. 30 Min.	–

Von der Station *Saanenmöser* kurz neben den Geleisen Richtung Saanen. Am Bahnhofende wird die Bahnlinie überschritten, nach kurzem Anstieg auch die Hauptstrasse Saanen-Zweisimmen. Jenseits der Strasse rechts, nach kurzer Strecke um eine Linkskurve, bei der Verzweigung am Kurvenende links. Während rund 700 m steigt unser Strässchen mehr oder weniger in Waldrandnähe leicht an. Wo es sich verzweigt, rechts in den Wald hinein. Am Ende des Waldes, beim Wegweiser *Bergmatte/Sumeli,* 1380 m, rechts. In geringer Steigung nähert sich das Strässchen dem Tal der Kleinen Simme. In weiterhin mässiger Steigung über Weiden und zwischen Fichtengruppen taleinwärts. Bei *Simne,* Pt. 1442, rechts über die hier wirklich nur noch schmächtige Kleine Simme. Nach der Brücke links und direkt am Bach weiter ins Tal hinein. Der Alpfahrweg beginnt stärker hangaufwärts zu steigen, das Rauschen des Baches wird leiser. Man kreuzt die Hochspannungsleitung, welche vom Wallis über den Sanetschpass und durch das Saanenland ins Mittelland führt. Beständig, abschnittsweise recht steil, steigt der Fahrweg an, windet sich um Hügel herum und zieht sich durch Mulden hindurch. Von der stattlichen Alphütte *Bire,* Pt. 1789, ist bei klarem Himmel über dem Sanetschpass das breite Massiv des Grand Combin in den Walliser

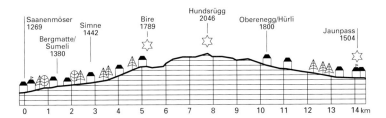

Bergfrühling auf dem Hundsrügg (Routen 9 und 12), dem weiten Höhenzug zwischen Saanen und dem Jaunpass. Über das Wannehörli schweift der Blick zu den Gipfeln über dem Geltental (links) zur Diablerets-Gruppe und sogar zum Mont-Blanc-Massiv (ganz hinten rechts).

Alpen zu sehen. Nach der Hütte etwas absteigen und bald rechts vom Weg abzweigen, der zur Alp Gruebe hinabführt. Unser Pfad quert den Westhang des Birehubels und steigt an zum Sattel Pt. 1840. Hier wird links gehalten und auf kurzer Strecke gut 100 Höhenmeter gewonnen. Immer über Alpweide und an einem kleinen Seelein vorbei, bei nachlassender Steigung. Vor dem höchsten Punkt des Hundsrüggs wird der Grat schmaler. Auf dem letzten km ist nur noch wenig Steigung zu bewältigen, dann steht man auf dem *Hundsrügg*. Nur magere 2046 m hoch ist dieser grüne Weidebuckel – aber was für eine Sicht geniesst man hier oben! Hinab ins Tal von Abländschen fällt der Blick, schweift darüber hinweg zu den Felszacken der Sattelspitzen und Gastlosen, wandert ringsum zu unzähligen lockenden Wander- und Tourenzielen in den Vor- und Hochalpen. Im Südwesten grüsst Europas höchster Punkt, die weisse Firnkuppe des Mont Blanc. Nach ausgiebiger Rast geht es in der vorher innegehabten Richtung weiter. Während 2½ km folgt unser Pfad dem allmählich fallenden Grat bis zur Alphütte *Hürli,* Pt. 1800. Unterhalb der Hütte zieht sich der nun breitere Weg links um die Egg. Rechts hinab abzweigend, geht es zu den Hütten am Oberenegg Läger und über die Alpstrasse weiter abwärts in Richtung Jaunpass. Nadelwaldpartien wechseln mit Alpweide, das letzte Wegstück ist flach und schon ist das Ziel, die Passhöhe des *Jaunpasses* (S. 101), erreicht. Die Kantonsgrenze Bern-Freiburg verläuft nicht über die Wasserscheide, sondern befindet sich etwas mehr als einen km westlich des Passes.

13 Saanenmöser–Hornberg–Gstaad

Bergweg. Leichter Aufstieg zum aussichtsreichen Hornberg und etwas längerer Abstieg nach Gstaad.
Im Auf- und Abstieg je einige hundert m Hartbelag.

Route	Höhe in m	Hinweg	Rückweg
Saanenmöser 🚂	1269	–	3 Std. 30 Min.
Hornberg (Uf de Chessle)	1811	1 Std. 40 Min.	2 Std. 10 Min.
Gfell	1687	2 Std.	1 Std. 40 Min.
Gstaad 🚂 🚋	1050	3 Std. 15 Min.	–

Von der Station *Saanenmöser* einige m in Richtung Zweisimmen gehen; vor dem Hotel «Hornberg» rechts halten und sogleich links hangaufwärts abzweigen. Die auf den Hornberg führende Strasse kreuzen und in der Fallinie über den sanft geneigten, teilweise bewaldeten Hang ansteigen. Nachdem man die ersten hundert Höhenmeter gewonnen hat, folgt man bis zur Mittelstation der *Saanerslochbahn* der Strasse. Nun geht es wieder rechts von der Strasse weg; weiter oben wird sie zweimal gekreuzt. In einer Kehre mündet dann unser Weg in sie ein und verlässt sie nach einem halben km wieder, rechts hinauf abzweigend. Über die Alpweide geht es weiter bergan bis zu den Berggasthäusern am *Hornberg (Uf de Chessle)*. Von hier aus geniesst man einen prächtigen Ausblick: Im Osten sind Albristhorn, Doldenhorn, Altels und Wildstrubel zu sehen; es folgen die Berge des Saanenlandes mit dem Giferspitz jenseits des Turbachtales und die Diableretsgruppe. Noch umfassender ist die Sicht von der nahen Hornflue, die über die Weide rechts ansteigend in 30 Minuten erreicht wird. Am Hornberg rechts. Zuerst flach, alsbald leicht sinkend auf der Alpstrasse abwärts – immer mit prächtigem Ausblick übers Saanenland und das Pays d'Enhaut. In weiten Kehren über die Alp *Gfell* hinunter. Bald nach den Alphütten werden die Kehren enger. Von Obere Stutz, Pt. 1547, links abwärts. Der unterschiedlich breite Weg

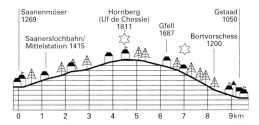

sinkt ständig, über Weide oder durch kürzere und längere Waldpartien abwärts führend. Kurz nach dem Wegweiser *Bortvorschess,* 1200 m, bei der Abzweigung rechts dem Waldrand entlang. Dann nach links, über eine Wegkreuzung und rechts haltend auf eine Geländerippe über der Chäle. Nun um die Rippe herum und in wechselnder Richtung an nicht gerade ärmlichen Chalets vorbei über Strassen zum Palace-Hotel hinunter. Gleich nach der Palace-Einfahrt links abzweigend hinab und tiefer unten wieder in die Palace-Strasse einmündend ins Zentrum von Gstaad. Durch die MOB-Überführung rechts, gleich danach links zum Bahnhof *Gstaad* (S.100).

14 Saanenmöser–Schlittmoos–Gstaad

Leichte Wanderung von der östlichen Eintrittspforte ins Saanenland hinab nach Gstaad. Schöne Ausblicke, angenehm zu begehende Naturwege und kaum ein km Hartbelag.

Route	Höhe in m	Hinweg	Rückweg
Saanenmöser 🚂	1269	–	2 Std.
Schlittmoos	1281	50 Min.	1 Std.
Gruben	1160	1 Std. 10 Min.	30 Min.
Gstaad 🚂 🚌	1050	1 Std. 40 Min.	–

Von der Station *Saanenmöser* einige m Richtung Zweisimmen, vor dem Hotel Hornberg rechts und sogleich links hangaufwärts in die Hornbergstrasse. In der Linkskehre nach 500 m rechts auf dem Strässchen weiter. Flach oder leicht fallend zieht es sich durch den Nordwesthang der Hornflue. Bei mehreren Abzweigungen geradeaus bis *Schlittmoos.* Nun geht es weiter durch Heumatten – bitte den Wiesenpfad nicht verlassen! Einen Weg, der noch ein echter Wanderweg ist, darf man hier begehen; dazu gesellt sich

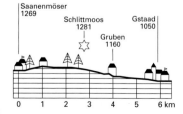

der schöne Blick über die Landschaft des Saanenlandes. In leichtem Abstieg wird der Ärbserebach gekreuzt, weiter unten beim *Gruben*schulhaus die Strasse Gruben-Nüweret. Kurz nachher links und durch eine Mulde und am Hang weiter Richtung Gstaad absteigen. Bei den ersten Häusern am Dorfrand wird an der Strassenverzweigung geradeaus gegangen. Beim Wegweiser Chäle, 1078 m, quer über die Strasse und am Hang nach vorne zur MOB-Brücke. Die Bahnlinie überschreiten und links hinab ins Dorfzentrum von *Gstaad* (S. 100). Dieses hat sich im Verlaufe der letzten hundert Jahre vom bescheidenen Bergdörflein zum weltbekannten Touristen-Ort entwickelt, wo sich selbst «gekrönte Häupter» gerne Stelldichein geben.

An der Nordabdachung der Saanenländer Berge trifft man ganz selten auf die lilafarbene Blüte des Alpenlein. Pflanzenschutz ist oberstes Gebot für jeden verantwortungsbewussten Wanderer.

15 Abländschen–Mittelberg–Saanen

Bergweg bis Grischbach. Landschaftlich lohnender Übergang. Aufstieg grösstenteils auf Naturwegen; Abstieg während langer Strecke auf der Hartbelags-Alpstrasse, die Abländschen heute mit Saanen verbindet.

Route	Höhe in m	Hinweg	Rückweg
Abländschen 🚌	1296	–	3 Std. 45 Min.
Mittelberg	1632	1 Std. 15 Min.	2 Std. 45 Min.
Grischbachsäge	1097	2 Std. 40 Min.	45 Min.
Underbort	1151	3 Std.	30 Min.
Saanen 🚂	1011	3 Std. 20 Min.	–

Am linken Talhang des Jäunli liegen unter den Gastlosen die Häuser von *Abländschen*. Taleinwärts geht es wenige m sinkend zur Kreuzung im Hüsligrabe, wo links die Strasse in Richtung Jaun abzweigt. Weiter taleinwärts, nun ansteigend, bis zum ersten Bauernhaus links an der Alpstrasse. Hier nach links und flach über einen Feldweg zum Waldrand. Rechts vom Bach auf dem winterlichen Langlauf-Trassee leicht steigend in die Alpstrasse und dieser etwa 300 m bis vor die Brücke übers Jäunli folgen. Rechts abzweigen und über den Fahrweg weiter dem Bach entlang. Wo der Fahrweg links hinab zur Kiesentnahmestelle im Bach führt, rechts auf den Fussweg. Weiter oben nach links über einen Fussgängersteg, kurz dem jenseitigen Ufer entlang aufwärts und links zu einer Remise am Waldrand. Wenige m über die Fahrstrasse links und sogleich rechts den Hang hinauf. Links an der Weidehütte *Herreschwändli* vorbei, kurz flacher, dann wieder steiler ansteigen. Im schattigen Fichtenwald geht es weiter nach oben, flacher auf eine Waldlichtung. Über die Lichtung wieder stärker steigend entfernt man sich vom Jäunli; sein Rauschen verstummt allmählich. Rechts haltend und beständig steigend wird ein Waldstreifen gequert und über die Weide hinauf die Alphütte bei *Pt. 1617* erreicht. Nun folgt ein erholsamer horizontaler Wegab-

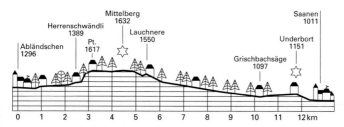

schnitt über den am Gruebestudihang angelegten Fahrweg hinüber zur Alpstrasse Abländschen-Mittelberg. Schön der Blick zur Wandflue. In der Talmulde wendet sich der Fahrweg talauswärts und mündet beim Wegweiser Mittelberg, 1612 m, in die «Hauptstrasse». Hier scharf links, und bald ist der Übergang vom Abländschen– ins Grischbachtal, *Mittelberg,* 1632 m, erreicht. Wo die Strasse stärker zu sinken beginnt, links auf den alten Weg, der Abländschen mit Saanen verbunden hat. Nun öffnet sich der Blick das Grischbachtal hinaus nach Süden über das Saanenland hinweg bis zu den Bergen der Diableretsgruppe. Näher vor uns erheben sich Gummflue und Rüeblihore. Am und im Wald abwärts, rechts über den Bach und leicht steigend zur Hütte *Lauchnere,* 1550 m. Weiter den Weidehang hinunter, die Alpstrasse kreuzen. Bei der nächsten Begegnung mit der Strasse dieser etwa 30 m nach rechts folgen, dann links die Böschung hinab. Bald wieder quer darüber und über eine breite Egg nach unten in die Strasse. Schön wäre der Weg durch das Grischbachtal oder das Vallée des Fenils, wenn man nicht der flotten Hartbelagsstrasse folgen müsste! Zum Glück fehlen lange Geraden im schmalen, tief eingeschnittenen Talgrund, und oft kann man auch neben dem Asphalt wandern. Mehrmals wechselt man im Abwärtsschreiten von der einen auf die andere Bachseite, und damit auch von Waadtländer – auf Bernerboden oder umgekehrt. Nach der *Grischbachsäge,* Pt. 1097, steigt die Strasse am linken Hang leicht an zur Teilegg, wendet sich allmählich ostwärts zur Siedlung *Underbort.* Vis-à-vis des Wegweisers ein prächtiges Saanenländerhaus, gezimmert im Jahr 1630. Rechts zwischen Häusern abwärts, weiter unten zwei Strässchen kreuzend und weiter absteigend zur Hauptstrasse Saanenmöser-Saanen. Sie wird gequert und auf dem Bortgässli weiter abgestiegen. Kurz links haltend, wieder über die Hauptstrasse und an Friedhof und Kirche vorbei hinab ins Dorf *Saanen* (S. 103).

Das besonders geschützte Alpenveilchen gehört nicht zu den Veilchengewächsen, wie der volkstümliche Name glauben macht, sondern zu den Primelgewächsen.

▸ **Das über 500jährige Kirchlein von Abländschen (Routen 7 und 15) mit den Gastlosen. Der Ortsname geht auf ein keltisches Wort für «Weide am Bach» zurück, wogegen die Zakkenreihe der Gastlosen ihren Namen dem romanischen «castello» verdankt.**

16 Gstaad–Col de Jable–L'Etivaz

Bergweg ab Meielsgrund. Landschaftlich vielseitige Passwanderung von Gstaad nach l'Etivaz an der Strasse zum Col des Mosses. Der liebliche Meielsgrund, die Alpen Gumm und Jable sowie der Berghang, der steil zur Torneresse abfällt und über welchen man nach L'Etivaz absteigt, machen die Wanderung trotz längeren Hartbelagsstrecken zu Beginn (bis Meielsgrund) zum lohnenden Gang.

Route	Höhe in m	Hinweg	Rückweg
Gstaad 🚂 🚌	1050	–	5 Std. 30 Min.
Meielsgrund	1390	1 Std. 50 Min.	4 Std.
Gumm	1706	2 Std. 50 Min.	3 Std. 15 Min.
Col de Jable	1884	3 Std. 30 Min.	2 Std. 45 Min.
Chalet Defrou	1750	4 Std.	2 Std.
L'Etivaz 🚌	1140	5 Std. 30 Min.	–

Vom Bahnhof *Gstaad* (S. 100) neben den Geleisen talaufwärts. Durch die MOB-Überführung nach rechts und bei der Abzweigung der Strasse Richtung Lauenen/Turbach geradeaus. Nach der Louibachbrücke weiter der Hauptstrasse entlang. Wo sie nach links umbiegt, geradeaus weiter quer durch den Talboden auf dem Mattegässli. Jenseits der Brücke über die Saane links taleinwärts. Nach gut 50 m links auf den Saaneuferweg, der etwa einen km weiter talaufwärts wieder in ein asphaltierte Strässchen einmündet. Dieses führt in den mit braunen Häuschen übersäten *Boden* und geht am Saaneufer wieder in einen schmaleren Weg über. Bald zweigt der alte Meielsgrundweg ab, der eine Häusergruppe durchquert und darauf am Rand des Bachtobels steil zur geteerten neuen Strasse steigt. Zweimal kreuzt die ansteigende Strasse den Meielsgrundbach, dann öffnet sich der Blick in den im Hintergrund von den Wandflue-Felsen abgeschlossenen Meielsgrund. Links darüber die Alpmulde des Ober Meiels, über der Wand-

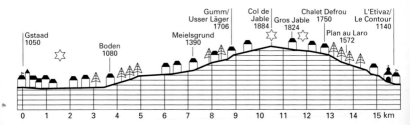

Simmentaler Jungvieh im Meielsgrund (Route 16) auf ahorngesäumter Weide. Die grosse Anzahl Tiere im Saanenland wird in der zweiten Herbsthälfte am augenfälligsten, wenn das Vieh überall im Talgrund und an den Hängen die nach dem Emdschnitt nachgewachsene Vegetation beweidet.

flue der arvenbestandene Meielgrat, rechts der Einschnitt des Col de Jable. Nach einem längeren flachen Teilstück beginnt die Strasse wieder zu steigen. Etwa 100 m nach dem Wegweiser *Meielsgrund,* 1390 m, wo die Strasse Richtung rechts weiterführt, links auf den alten Alpweg. Nicht allzu steil steigt er am Weidehang an. Wo der Weg um eine Egg in den Einschnitt des Gummbachs einbiegt, grüsst über den Fichten der helle Felsgipfel der Gummflue. Bei Gumm/Matten kurz zurück auf die Alpstrasse. Links von ihr weggehend wird ein Waldstück durchquert, danach kurz rechts haltend das Bächlein überschritten. Bald steigt der Alpweg leicht an, Fichten spenden willkommenen Schatten. In einigen Kehren gelangen wir zu den Alpgebäuden von *Gumm/Usser Läger* und folgen links weitergehend der Alpstrasse zum Inner Läger. Über die Alpweidefläche ansteigend werden die noch fehlenden 110 m Höhenmeter bis zum *Col de Jable* bewältigt. Mit herrlichem Blick zu den Diablerets, zum Massiv der Tornetta und über das Gebiet des Col des Mosses zieht man auf begeisternd schönem Höhenweg über *Gros Jable* – Petit Jable zum *Chalet Defrou,* in der Höhe begleitet von der Felszackenreihe der Salaires. Nun beginnt der Abstieg auf schmalem Pfad durch die Waldflanke hinunter zur Wegteilung bei *Plan au Laro* (1572 m). Hier auf dem als Höhenweg bezeichneten Pfad nach rechts, der sich sehr abwechslungsreich durch den Bergwald und blumenreiche Hochwiesen allmählich westwärts senkt, bis er im Zickzack durch Wald und Weiden steiler nach *Etivaz* (S. 99) fällt, das man bei der altehrwürdigen schindelbedeckten Kapelle von 1589 erreicht. Nun hinunter zur Posthaltestelle bei *Le Contour.*

17 Gstaad–Eggli

Kurzer, teilweise recht steiler Aufstieg zur Bergstation der Eggli-Gondelbahn. In Gstaad ein km Hartbelag.

Route	Höhe in m	Hinweg	Rückweg
Gstaad 🚂 🚌	1050	–	1 Std.
Lerchweid	1385	1 Std.	15 Min.
Eggli 🚡	1559	1 Std. 30 Min.	–

Vom Bahnhof *Gstaad* (S. 100) neben den Geleisen talaufwärts. Durch die MOB-Überführung nach rechts und bei der Abzweigung der Strasse Richtung Lauenen/Turbach geradeaus. Nach der Louibachbrücke weiter der Hauptstrasse entlang. Wo sie nach links umbiegt, geradeaus weiter auf dem Mattegässli quer durch den Talboden. Jenseits der Saane, beim Wegweiser Mattenbrücke, halbrechts und bald links vom Fahrweg abzweigen. Einem kleinen Wasserlauf entlang hinauf zum Wald und zwischen prächtig gewachsenen Buchenstämmen im Zickzack waldaufwärts. Vom oberen Wald-

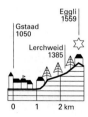

rand steil hinauf zu einem Weidegemach und weiter nach links oben über die Weide emporsteigen. In der *Lerchweid* einen Fahrweg kreuzen und weiter im Zickzack, nachher am Waldrand links haltend, ansteigen. Der Pfad mündet in eine Fahrstrasse. Man folgt ihr um eine Kehre und verlässt sie nach etwa 40 m rechts hinauf abzweigend. Die letzten 100 Höhenmeter zum *Eggli* gewinnt man direkt neben der Gondelbahn in der Fallinie ansteigend. Die Mühen des steilen Aufstieges werden mit einer prächtigen Rundsicht belohnt.

18 Gstaad–Parwenge– St. Stephan/Stöckli

Bergweg. Passwanderung über Alp- und Vorsassweiden mit weiten Ausblicken in die Bergwelt von Saanenland, Pays d'Enhaut und Obersimmental. Nur zu Beginn in Gstaad ein km und im zweiten Wegteil wenige hundert m Hartbelag.

Route	Höhe In m	Hinweg	Rückweg
Gstaad 🚂 🚌	1050	–	5 Std.
Hornberg	1811	2 Std. 10 Min.	3 Std. 30 Min.
Parwengekessel	1835	3 Std.	2 Std. 45 Min.
Gandlouene	1656	3 Std. 30 Min.	2 Std.
St. Stephan/Stöckli 🚂	969	4 Std. 50 Min.	–

Vom Bahnhof *Gstaad* (S. 100) neben den Geleisen talaufwärts. Durch die MOB-Überführung nach rechts und sogleich links auf die Palacestrasse. In der Linkskurve rechts hangaufwärts zum Palace-Hotel und hier etwa 50 m der Strasse folgen. Nun wenige m nach links und sofort wieder rechts haltend über eine schmalere Strasse hinauf in die breite und darauf um drei Kehren weiter hangaufwärts ansteigen. Millionenteure Chalets stehen am Strassenrand. Nach der dritten Kehre wird die Strasse schmaler und steiler.

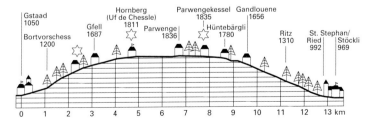

Das Wandererlebnis zur Zeit des Bergfrühlings oder an klaren Herbsttagen mit tiefblauem Himmel und bunten Wäldern mag kaum zu überbieten sein. Doch auch der Winter weiss zu entzücken. Kaum zu Gesicht bekommen wird der Wanderer allerdings dieses Bild: die gänzlich zugeschneite Sennhütte am Parwengekessel (Routen 10 und 18).

An ihrem Ende links auf einen Fussweg. Bald biegt er nach rechts, kreuzt einen Weg und steigt am Waldrand in eine Strasse. Dieser folgt man kurz nach links bis zu ihrem Ende beim Wegweiser *Bortvorschess,* 1200 m, wo man auf den hangaufwärtsführenden Pfad wechselt. Der unterschiedlich breite Weg führt uns beständig steigend durch kürzere oder längere Waldpartien und über Weiden zum gut 300 m höher liegenden Weidegemach am Obere Stutz. Über mehrere Fahrwegkehren gelangt man weiter ansteigend auf die Alp *Gfell.* Hier holt der Fahrweg nach links aus, wendet sich dann weiter steigend nach rechts und leitet flacher werdend zu den Berggasthäusern am *Hornberg (Uf de Chessle).* Auf diesem Wegabschnitt geniesst man eine prächtige Sicht übers Saanenland und das Pays d'Enhaut. Weiter geht es ohne Steigung auf dem Fahrweg am Südhang von Hüenerspil und Horntube hoch über dem Turbachtal. Erst gegen die Sennhütte am *Parwenge* steigt man leicht an und geht bei der Verzweigung rechts weiter. Nach einem weiteren flachen Fahrwegkilometer wird die Sennhütte am *Parwengekessel* erreicht. Hier weist der Wegweiser nach links. Bald muss man schauen, wo man hintritt – während einigen hundert m ist der Weg ziemlich durchnässt. Quer übers Tal der Simme die Felsgipfel der Spillgertegruppe, rechts davon die höchsten Erhebungen der Niesenkette und im Talhintergrund der Wildstrubel sind allerdings auch einige Blicke wert! Von der Sennhütte am *Hüntebärgli* weiter abwärts auf dem Fahrweg zu den Hütten am *Gandlouene.* Rechts von den Gebäuden über die Weide hinunter zum kleinen Stall. Hier links, bald danach die Alpstrasse kreuzen und weiter über Weide und Pfadspuren absteigen. Wieder wird die Alpstrasse gekreuzt und nach der nächsten Kreuzung mit ihr über einen Weg weiter abgestiegen.

Dabei handelt es sich um den alten Alp-Zügelweg. Er mündet kurz oberhalb des Wegweisers *Ritz* in die Alpstrasse, der man nun um zwei Kehren folgt. Kurz nach der zweiten Kehre rechts abwärts und nun wieder auf dem alten Weg bis fast ins Dorf *Ried* absteigen. Dreimal wird dabei unterwegs die Alpstrasse gekreuzt. Nur die letzten paar hundert Meter an der Kirche von *St. Stephan* (S. 104) vorbei zur Haltestelle *Stöckli* der MOB (Zug hält nur bei Betätigung des Halteknopfes) werden auf der Alpstrasse zurückgelegt.

19 Gstaad–Rüwlisepass–St. Stephan

Bergweg ab Statt. Passwanderung mit mässiger Steigung über Alpweiden vom Saanenland ins Obersimmental. 3 km Hartbelag zu Beginn, 1 km nach Rüwlise.

Route	Höhe in m	Hinweg	Rückweg
Gstaad 🚂 🚌	1050	–	4 Std. 30 Min.
Turbachtal/Statt	1380	1 Std. 30 Min.	3 Std. 15 Min.
Rüwlisepass	1718	2 Std. 45 Min.	2 Std. 30 Min.
Chälmad	1283	3 Std. 45 Min.	1 Std.
St. Stephan 🚂	996	4 Std. 15 Min.	–

Vom Bahnhof *Gstaad* (S. 100) neben den Geleisen talaufwärts. Durch die MOB-Überführung über die Hauptstrasse nach rechts und bei der Strassenkreuzung Richtung Lauenen/Turbach. Nach 700 m zweigt die Lauenenstrasse rechts ab. Geradeaus und links vom Turbachbach in leichter Steigung weiter taleinwärts. Wo sich die Turbachstrasse links hangauf wendet, bei der *Scheidbachbrücke,* in der bisherigen Richtung weiter am Bach entlang. Auch bei der *Fangbrücke,* 1295 m, darf man auf einem Weg am Bach bleiben. Eineinhalb km weiter taleinwärts, bei *Statt,* links vom Bach weg in die Strasse. Man folgt ihr nur wenige m nach rechts und zweigt links ab. Nun

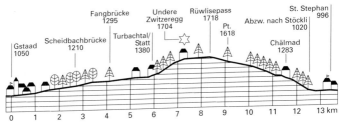

Gstaad 54

folgt die Hauptsteigung über Weiden und durch Wald hinauf zur Alp *Undere Zwitzeregg*. Der Blick zurück ins Turbachtal ist ebenso lohnend wie taleinwärts zum Giferspitz. Bei der Alphütte rechts, leicht abwärts, dann wenige m ansteigend zur Passhöhe des *Rüwlisepasses*.
Sie liegt in der grünen Alpweide zwischen dem bewaldeten Rücken der Gumeni (links) und dem Rüwlisehore. Zusätzlich bereichert wird die Szene durch ein Seelein, an dem manchmal Stockenten brüten. Auf holprigem Fahrweg abwärts zum Wegweiser Rüwlise, *1618 m*. Nun darf ein km Asphalt «genossen» werden, bevor links auf den alten Alpweg abgezweigt wird. Im Spärberwald geht es zeitweise steiler abwärts; über eine flache Wegpartie gelangt man bei *Chälmad* wieder in die Alpstrasse. 200 m nach einer Rechtskehre links hinab, zweimal eine Fahrstrasse kreuzen und über den ehemaligen Zügelweg bis zur Verzweigung am Chesselbach. Hier nach links zur Haltestelle *Stöckli* oder rechts zur Station *St. Stephan* (S. 104).

20 Gstaad–Rüwlisepass–Lenk

Bergweg ab Statt bis Schadauli. Passwanderung mit mässiger Steigung über Alpweiden vom Saanenland ins Obersimmental. 3 km Hartbelag zu Beginn, 1 km am Schluss.

Route	Höhe in m	Hinweg	Rückweg
Gstaad 🚋 🚌	1050	–	5 Std. 15 Min.
Turbachtal/Statt	1380	1 Std. 30 Min.	4 Std.
Rüwlisepass	1718	2 Std. 45 Min.	3 Std. 15 Min.
Chatzestalde	1535	3 Std. 30 Min.	2 Std. 15 Min.
Schadauli	1030	4 Std. 45 Min.	30 Min.
Lenk 🚋	1068	5 Std. 15 Min.	–

Vom Bahnhof *Gstaad* (S. 100) neben den Geleisen talaufwärts. Durch die MOB-Überführung über die Hauptstrasse nach rechts und bei der Strassen-

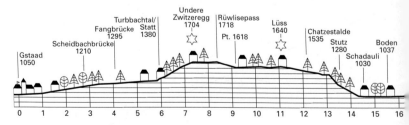

kreuzung Richtung Lauenen/Turbach. Nach 700 m zweigt die Lauenenstrasse rechts ab. Geradeaus und links vom Turbachbach in leichter Steigung weiter taleinwärts. Wo sich die Turbachstrasse links hangauf wendet, bei der *Scheidbachbrücke,* in der bisherigen Richtung weiter am Bach entlang. Auch bei der *Fangbrücke,* 1295 m, darf man auf einem Weg am Bach bleiben. Eineinhalb km weiter taleinwärts, bei *Statt,* links vom Bach weg in die Strasse. Man folgt ihr nur wenige m nach rechts und zweigt links ab. Nun folgt die Hauptsteigung über Weiden und durch Wald hinauf zur Alp *Undere Zwitzeregg.* Der Blick zurück ins Turbachtal ist ebenso lohnend wie taleinwärts zum Giferspitz. Bei der Alphütte rechts, leicht abwärts, dann wenige m ansteigend zur Passhöhe des *Rüwlisepasses.*
Sie liegt in der grünen Alpweide zwischen dem bewaldeten Rücken der Gumeni (links) und dem Rüwlisehore. Zusätzlich bereichert wird die Szene durch ein Seelein, an dem manchmal Stockenten brüten. Auf holprigem Fahrweg abwärts zum Wegweiser Rüwlise, *1618 m.* Nun rechts über den Rüwlisebach und fast ebenen Weges an zwei Alpgebäuden vorbei an den Waldrand. Der folgende Wegkilometer verläuft abwechslungsreich horizontal oder leicht fallend und steigend durch Nadelwald oder über feuchtes Streueland. Im letzten Abschnitt rechts oberhalb des Weges prächtige Farnflächen. Auf dem offenen Land der *Lüss* wird, nachdem der Pfad in Richtung oberstes Simmental umgeschwenkt hat, im Talhintergrund das breite Massiv des Wildstrubels sichtbar. Bald nach einer Scheune rechts vom Weg hinab in die Mulde und während 100 m einer «Fussgänger-Fichtenallee» entlang. Weiter abwärts in die Alpstrasse Dürrewald und dieser in leichtem Gefälle nach links folgen. Beim Wegweiser *Chatzestalde,* 1535 m, scharf nach rechts flach zur Hütte und vom Zufahrtsende schräg rechts hinab zum Dürrewaldbach. Den Bach überschreiten, einige m ansteigen, und nach einem kurzen flachen Wegstück den Abstieg hinunter in den Talboden zwischen Matten und Lenk beginnen. Zuerst wird in unterschiedlichem Gefälle eine Waldfläche gequert, dann über Weideland absteigend ein Lärchenbestand erreicht. Steil abwärts geht man beim Wegweiser *Stutz,* 1280 m, geradeaus. Der Talboden rückt näher und näher. Im *Schadauli* mündet unser Pfad in den Talwanderweg Zweisimmen–St. Stephan–Lenk.
Um eine längere Hartbelagsstrecke zu umgehen, hält man hier am besten links über die Simme, wenige m nach der Brücke dann rechts. Der reizvolle Naturweg führt nach 800 m links zur Haltestelle *Boden* und neben der Bahnlinie weiter taleinwärts Richtung Lenk. Eine Querstrasse wird gekreuzt, 400 m nachher wird von der Bahnlinie weg links hinüber in die Hauptstrasse Zweisimmen–Lenk gegangen. Auf dem Hauptstrassen-Trottoir rechts über die beiden Seitenbäche und nach der Barriere links den Geleisen entlang zum Bahnhof *Lenk* (S. 102) der MOB.

21 Gstaad–Türli–Lauenen

Bergweg ab Steineberg. Eine Passwanderung mit zwei grundverschiedenen Hälften: Der Aufstieg führt durch das Turbachtal, dessen hinterer Teil nur selten begangen wird – der Abstieg bringt uns am Osthang des Lauenentals hinab nach Lauenen. Drei km Hartbelag zu Beginn, wenige hundert m im Abstieg.

Route	Höhe in m	Hinweg	Rückweg
Gstaad 🚌 🚂	1050	–	5 Std. 15 Min.
Turbachtal/Statt	1380	1 Std. 30 Min.	4 Std.
Steineberg	1560	2 Std. 30 Min.	3 Std. 15 Min.
Türli (Passhöhe)	1986	4 Std. 15 Min.	2 Std. 15 Min.
Lauenen 🚂	1241	5 Std. 30 Min.	–

Vom Bahnhof *Gstaad* (S. 100) neben den Geleisen talaufwärts. Durch die MOB-Überführung über die Hauptstrasse nach rechts und bei der Strassenkreuzung Richtung Lauenen/Turbach. Nach 700 m zweigt die Lauenenstrasse rechts ab. Geradeaus und links vom Turbachbach in leichter Steigung weiter taleinwärts. Bei der *Scheidbachbrücke*, wo sich die Turbachstrasse links hangauf wendet, in der bisherigen Richtung weiter am Bach entlang. Auch bei der *Fangbrücke*, 1295 m, darf man auf einem Weg am Bach bleiben. Eineinhalb km weiter taleinwärts, bei *Statt*, links vom Bach weg in die Strasse.

Auf ihr, die bald zum Fahrweg wird, geht es weitere drei km links vom Bach taleinwärts. Bei *Steineberg* wird auf die andere Bachseite gewechselt. Links steigen die begrasten steilen Hänge des tiefeingeschnittenen Turbachtales 800 m an bis zum Wistätthorn; rechts geht es noch hundert m weiter nach oben zum Giferspitz. Felswände gliedern diese Talflanke stärker als die regelmässig ansteigende Gegenseite. Im Winter donnern die Lawinen von beiden Seiten in den Talgrund herunter.

Am Hang über dem Bach, doch kaum je mehr als hundert m davon entfernt, steigt man über die Alpen *Marchli*, *Roscheli* und *Trütlisberg* zum *Türli*, dem

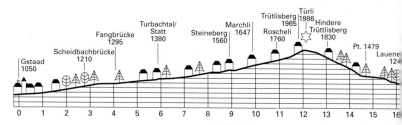

«Wandern bei jedem Wetter!» wurde seinerzeit von den Pionieren der Berner Wanderwege propagiert. Dies im Bewusstsein, dass eine ausgewogene körperliche Tätigkeit zu jeder Jahreszeit, bei jeder Witterung die besten Voraussetzungen für die Gesundheit von Geist und Körper schaffen dürfte. Diesem Umstand tragen heute viele Orte im Berner Oberland Rechnung, indem sie die Wanderwege auch im Winter offenhalten. Nachweisbar wird dadurch das Winterwandern immer beliebter. Am «Winterwanderweg» Lauenen–Rohr taleinwärts (Route 43).

Übergang vom Turbach- ins Lauenental. Im Süden ist das Wildhorn zu sehen, rechts davon die Berge des Geltentals und der Sanetschregion sowie der Diableretsgruppe. Beim Passwegweiser wird der Höhenweg Wasserngrat–Leiterli gekreuzt.

Unser Weg senkt sich abwärts zur Alp *Hindere Trütlisberg*. Nach Regenfällen ist der schiefrige Boden recht klebrig. Wo sich der Alpfahrweg rund 500 m unterhalb der Sennhütten nach links wendet, steigt man rechts abzweigend auf dem Pfad in der bisherigen Richtung weiter ab. Streue- und Weideflächen wechseln ab mit Wald. Der Pfad mündet unterhalb *Pt. 1479* in eine Alpstrasse, der man nach rechts folgt. Bald kann man wieder links abzweigen und quert kurz nachher zwei Bäche. Es folgt eine kurze flache Wegpartie und nach einer kleinen Sägerei geht es abwärts zur ersten Brücke über den Mülibach. Wieder folgt ein flaches Zwischenstück, anschliessend 200 m auf der Strasse, welche den Hang der Sunnigi Lauene erschliesst. Links abzweigend kehrt man auf einer Güterstrasse zurück zum Mülibach und steigt links von ihm über ein schmales Strässchen weiter ab. Es wechselt auf die rechte Bachseite, geht über in einen Fussweg. Weiter unten mündet dieser in einen Fahrweg, der nach etwa 150 m auf die linke Bachseite und hinab ins Dorf *Lauenen* (S. 101) führt.

22 Gstaad–Giferspitz

Bergweg ab Turnelsbach. Ein überaus lohnender langer Aufstieg auf die Aussichtswarte des Giferspitzes. Bis Scheidbach etwa 2 km Hartbelag.
Nur für geübte, trittsichere Bergwanderer und erst nach Abschluss der Schneeschmelze am Giferspitz!

Route	Höhe in m	Hinweg	Rückweg
Gstaad 🚂 🚌	1050	–	3 Std.
Scheidbach 🚌	1275	45 Min.	2 Std. 15 Min.
Giferhüttli	1941	2 Std. 15 Min.	1 Std.
Giferspitz	2541	3 Std. 45 Min.	–

Vom Bahnhof *Gstaad* (S. 100) neben den Geleisen talaufwärts. Durch die MOB-Überführung nach rechts und bei der Abzweigung der Strasse Richtung Lauenen/Turbach geradeaus. Nach der Louibachbrücke links und bei der folgenden Strassenverzweigung geradeaus dem Bach entlang – vom Parkplatzende weg auf idealem Fussgänger-Uferweg. Bald nach der Einmündung des Turbachbaches wechselt der Weg auf die andere Bachseite, wo er nach 100 m wieder den Louibach quert. Links abzweigen, die Lauenenstrasse kreuzen und über den Geländesporn zwischen Loui- und Turbachbach aufsteigen in die Bissestrasse. Nach 400 m, beim *Bisse-Schulhaus*, links von der Strasse weg und über den Feldweg ansteigen. Bei einem

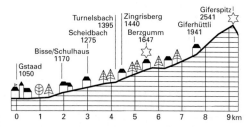

Wasserreservoir wieder rechts hinauf in die Strasse. Leicht steigend zum Wegweiser *Scheidbach,* 1275 m. Hier auf das rechts abzweigende, steilere Strässchen, welches in den bewaldeten Einschnitt des Turnelsbaches hineinführt. Im Wald wird bei der Fahrwegverzweigung links gehalten, nach dem *Turnelsbach* rechts vom Fahrweg abgezweigt.
Von den Gebäuden am *Zingrisberg* kurz hangaufwärts zum grossen Ahorn. Nun nach links auf die breite Bachegg und etwa 200 m auf einem Wieslandstreifen pfadlos weiter ansteigen. Wo rechts ein kleines Gebäude steht, links durch Wald und Lichtungen auf die Alp *Berzgumm* in den Fahrweg. Über ihn sanft ansteigend erblicken wir unser Ziel, den Giferspitz. Kurz nach dem Berzgummbach rechts hinauf zwischen den Alphütten hindurch. Weiter aufwärts pfadlos durch eine breite Mulde, die links steiler ansteigend verlassen wird. Die breite Egg, auf welcher wir nun stehen, zieht sich (weiter oben schmal und felsig werdend) hinauf bis zum Giferspitz. Der Pfad führt am *Giferhüttli* vorbei und beginnt stärker zu steigen.

Im Frühjahr und im Sommer trifft man im Gebirge die Verwandte der Bachstelze, die Gebirgsstelze. Man erkennt sie am grauen Rücken, an der gelblichen Unterseite und an der schwarzen Kehle. Sie baut ihre Nester in Felslöchern an Gewässern.

Steinig-felsige Wegabschnitte wechseln mit grünen Gratpartien. Wo der Grat breiter wird, holt der Pfad etwas nach links aus, weicht danach auf die rechte Seite des Felsgrates aus, führt direkt über den plattigen schmalen Grat weiter dem Ziel zu. Von der Abzweigung Richtung Lauenenhorn weiterhin direkt über den Grat zum höchsten Punkt des *Giferspitz* (S. 100), wo sich uns die umfassendste Rundsicht über die Wanderregion des Saanenlandes bietet. Die Kette der Berner Alpen in ihrer ganzen Länge vom Wetterhorn bis zur Diablerets, darüber einige Gipfel in den Walliser Alpen, unzählige Berner, Freiburger, Waadtländer und Französische Voralpengipfel, Jura und Schwarzwald, und fast jeder Winkel des Saanenlandes sind zu sehen.
Der Abstieg führt zuerst zurück über den Grat zur Wegverzweigung. Hier muss man sich entscheiden: Entweder geht man den langen Weg zurück, den man vom Aufstieg her kennt oder man hält rechts. Dieser Weg führt über das Lauenehore hinab zum Turnelssattel, wo sich wieder zwei Varianten anbieten. Wer noch weitere 800 m absteigen will, geht links abwärts nach Lauenen. Empfehlenswerter ist der Höhenweg zum Wasserngrat mit anschliessender Gondelbahn-Rückfahrt nach Gstaad.

23 Gstaad–Wasserngrat

Bergweg ab Bisse. 900 m steigt der Weg bis zum Wasserngrat an – doch schon unterwegs geniesst man den prächtigen Blick übers Saanenland. Im ersten Wegabschnitt gut ein km Hartbelag.

Route	Höhe in m	Hinweg	Rückweg
Gstaad	1050	–	1 Std. 30 Min.
Bisse	1170	35 Min.	1 Std.
Wasserngrat	1936	2 Std. 30 Min.	–

Vom Bahnhof *Gstaad* (S. 100) neben den Geleisen talaufwärts. Durch die MOB-Überführung nach rechts und bei der Abzweigung der Strasse Richtung Lauenen/Turbach geradeaus. Nach der Louibachbrücke links und bei der folgenden Strassenverzweigung geradeaus dem Bach entlang – vom Parkplatzende weg auf idealem Fussgänger-Uferweg. Bald nach der Einmündung des Turbachbaches wechselt der Weg auf die andere Bachseite. Wo er nach 100 m wieder den Louibach quert, links abzweigen, die Lauenenstrasse kreuzen und über den Geländesporn zwischen Loui- und Turbachbach aufsteigen in die Bissestrasse. Nach 400 m, beim *Bisse-Schulhaus,* links von der Strasse weg und über den Feldweg ansteigen. Bei einem Wasserreservoir wieder rechts hinauf in die Strasse.

Nach wenigen hundert m wird rechts gehalten, kurz darauf links auf einen Fahrweg abgezweigt. Direkt vor uns, aber noch 660 Meter höher oben, liegt jetzt unser Ziel, der Wasserngrat. Über zuerst leicht, dann steiler geneigte Hänge zieht sich der Fussweg aufwärts. Heumatten werden von Vorsass- und Alpweiden abgelöst, währenddem man über Stutz, *Dürrifäng* und *Bissedürri* zum *Wasserngrat* ansteigt. Er bietet einen weiten Ausblick übers Saanenland und die benachbarten Berge im Welschland.

Die Zukunft der Wasserngratbahn ist im Moment der Wanderbuch-Bearbeitung unsicher. Wer die Bahn benützen möchte, erkundigt sich mit Vorteil beim Verkehrsbüro Gstaad über deren Betrieb.

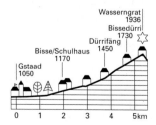

24 Gstaad–Engi–Lauenen

Abseits der Hauptstrasse führt uns diese Wanderung ins Lauenental. Der grösste Teil der Wegstrecke verläuft in unmittelbarer Nähe des Louibaches. Bis an den Ortsrand von Gstaad und am Schluss einige hundert m Hartbelag, dazwischen ideale Natur-Uferwanderwege.

Route	Höhe in m	Hinweg	Rückweg
Gstaad 🚂 🚌	1050	–	1 Std. 50 Min.
Engi	1159	1 Std. 15 Min.	45 Min.
Lauenen 🚌	1241	2 Std.	–

Vom Bahnhof *Gstaad* (S. 100) neben den Geleisen talaufwärts. Durch die MOB-Überführung nach rechts und bei der Abzweigung der Strasse Richtung Lauenen/Turbach geradeaus. Nach der Louibachbrücke links und bei der folgenden Strassenverzweigung geradeaus dem Bach entlang. Damit ist für die nächsten viereinhalb Wegkilometer die Richtung vorgegeben. Der vorzüglich angelegte Wanderweg entfernt sich nie weit vom Louibach. Früher musste man in der engsten Stelle des Tales, wo die bewaldeten Hänge zwischen Wasserngrat und Wispile nur Platz für Bach und Strasse lassen, die Talstrasse benützen. Im Sommer 1987 bauten junge Leute aus verschiedenen Ländern auf der andern Bachseite einen idealen Weg für Wanderer.

Allmählich öffnet sich der Blick zu den Bergen und Gletschern im Hintergrund des Lauenentales. Man schreitet weiter rechts des Louibaches taleinwärts. Zum Zeitpunkt der Wanderbuchbearbeitung musste man nach der *Engi* einer neuen Güterstrasse folgen, doch ist auch hier geplant, einen Wanderweg in Bachnähe zu erstellen. Kurz vor *Lauenen* (S. 101) wird der Louibach überschritten und auf einem Strässchen hangaufwärts ansteigend das Dorf erreicht.

Nebenroute: Gstaad–Wispile–Gmünte–Engi 1 Std. 30 Min.

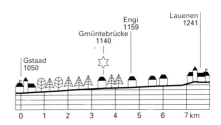

Bietet während der ersten Wegstunde offenere Ausblicke als der Weg am Louibach entlang. Bis zur Strassenverzweigung nach der Louibachbrücke in Gstaad gleich wie Hauptroute. Nun der Strasse rechts hangaufwärts folgen; bei mehreren Verzweigungen geradeaus zum Wegweiser Wispile, 1123 m. Hier links halten und leicht ab- oder ansteigend auf einem Fahrsträsschen über Gmünte zur Gmüntenbrücke, wo man wieder auf die Hauptroute trifft.

25 Gstaad–Höhi Wispile

Nach Erreichen des Gstaader Dorfrandes Aufstieg über Heumatten, Vorsass- und Alpweiden zum Aussichtspunkt der Wispile zwischen den Tälern der Saane und des Louibaches. Zu Beginn eineinhalb km Hartbelag.

Route	Höhe in m	Hinweg	Rückweg
Gstaad 🚂 🚌	1050	–	2 Std.
Wispile	1123	20 Min.	1 Std. 45 Min.
Underi Bodme 🚠	1580	1 Std. 40 Min.	45 Min.
Höhi Wispile 🚠	1907	2 Std. 40 Min.	–

Vom Bahnhof *Gstaad* (S. 100) neben den Geleisen talaufwärts. Durch die MOB-Überführung nach rechts und bei der Abzweigung der Strasse Richtung Lauenen/Turbach geradeaus. Nach der Louibachbrücke links, wenige Meter dem Bach entlang und rechts die Strasse Richtung Gmünte einschlagen. Bei mehreren Strassenverzweigungen geradeaus. Beim Wegweiser *Wispile,* 1123 m, rechts auf schmalerem Strässchen leicht ansteigen. Nach einem halben km rechts abzweigen und auf einem Fahrweg über *Ägerteweid* weiter aufwärts. Entlang der Gondelbahn steigt man auf einem Pfad gegen die Mittelstation *Underi Bodme* steiler an. Bis zur Bergstation folgt man nachher wieder einem Fahrweg, der meist links der Gondelbahn über Weide und durch kurze Waldabschnitte Höhe gewinnt.

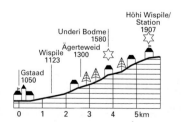

Von der Gondelbahnstation *Höhi Wispile* geht es nur noch wenige Minuten aufwärts zum höchsten Punkt des Wispile-Höhenzuges, dem Stand. Hier geniesst man einen prächtigen Rundblick übers Saanenland und einige weiter entfernte Vor- und Hochalpengipfel.

26 Gstaad–Feutersoey–Gsteig

Leichte Talwanderung ohne längere Aufstiege. Hartbelags-Wegstücke wechseln ab mit lauschigen Naturwegen am Ufer der Saane und mit Wiesenwegen.

Route	Höhe in m	Hinweg	Rückweg
Gstaad	1050	–	2 Std. 30 Min.
Feutersoey	1130	1 Std. 45 Min.	50 Min.
Gsteig	1184	2 Std. 45 Min.	–

Vom Bahnhof *Gstaad* (S. 100) neben den Geleisen talaufwärts. Durch die MOB-Überführung nach rechts und bei der Abzweigung der Strasse Richtung Lauenen/Turbach geradeaus. Nach der Louibachbrücke weiter der Hauptstrasse entlang. Wo sie nach links umbiegt, geradeaus weiter auf dem Mattegässli quer durch den Talboden. Jenseits der Brücke über die Saane links taleinwärts. Nach gut 50 m links auf den Saaneuferweg, der etwa einen km weiter talaufwärts im *Boden* wieder ins asphaltierte Strässchen einmündet. Bei der Abzweigung Richtung Meielsgrund–Col de Jable geradeaus. Vor der Sägerei am *Meielsgrundbach* rechts am Bach leicht ansteigen und links haltend über die Brücke. Vom Bach auf Hartbelagssträsschen leicht sinkend weiter, kurz vor dem Strassenende links hinab an die Saane. Bei der Brücke nach rechts, sich etwas von der Saane entfernend. Am Fuss der Staldehores kehrt man ans rauschende Wasser zurück und geniesst den reizvollen Wegabschnitt am Fuss des bewaldeten Hanges. Über die Hauptstrassenbrücke bei Pt. 1107 wird auf das andere Saaneufer gewechselt.

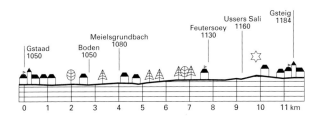

Auf idealem Uferwanderweg werden die beiden nächsten km zurückgelegt. Jenseits der Saane liegen die Häuser von *Feutersoey*. Nach der zweiten Saanebrücke über eine ebene Wiese links von der Saane weg und einem Bächlein entlang kurz aufsteigen. Rechts haltend zu einigen Bauernhäusern, auf Hartbelagssträsschen kurz abwärts und während den nächsten 700 m leicht steigend über *Ussers Sali* zum höchsten Punkt der Wanderung. Rechts zu einem Bauernhaus und auf schmalem Wiesenweg in leichtem Auf und Ab weiter taleinwärts. Beeindruckend schön ist der Blick in den Talhintergrund, links begrenzt durch Spitz- und Schafhorn, rechts durch das Oldenhorn. Dazwischen die markanten Felszacken von Mittag- und Schluchhorn.
Leicht sinkend geht es über ein Strässchen abwärts. Nach rechts über die Saane in die Hauptstrasse und links ins Dorf *Gsteig* (S. 100).

27 Wasserngrat–Trüttlisbergpass–Leiterli

Bergweg. Eine überaus lohnende Höhenwanderung, die landschaftlich und botanisch viel bietet.
Nur für trittsichere und einigermassen schwindelfreie Bergwanderer!
Ganze Weglänge Naturwege.

Route	Höhe in m	Hinweg	Rückweg
Wasserngrat 🚡	1936	–	4 Std. 15 Min.
Turnelssattel	2086	1 Std. 30 Min.	3 Std. 30 Min.
Trüttlisbergpass	2038	2 Std. 45 Min.	1 Std. 40 Min.
Leiterli 🚡	1943	4 Std. 15 Min.	–

Die Zukunft der Wasserngratbahn ist im Moment der Wanderbuch-Bearbeitung unsicher. Erkundigen Sie sich beim Verkehrsbüro Gstaad, ob die Bahn in Betrieb steht.

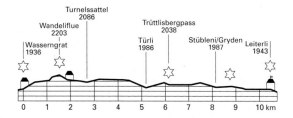

Die Talstation der Wasserngrat-Gondelbahn ist ab dem Gstaader Bahnhof in gut 20 Minuten erreichbar. Vom Bahnhof geht man den Geleisen entlang talaufwärts bis zur MOB-Überführung über die Hauptstrasse. Hier rechts und bei der Abzweigung der Strasse Richtung Lauenen/Turbach links. Nach 700 m zweigt die Lauenenstrasse rechts ab. Geradeaus auf der Turbachstrasse weitergehend und leicht ansteigend gelangt man nach weiteren 500 m zur Gondelbahn. In 20 Minuten überwindet sie 825 Höhenmeter und bietet uns einen weiten Blick über die nördliche Hälfte des Saanenlandes. Von der Gondelbahn-Bergstation am *Wasserngrat* führt der Weg über den noch breiten Grat empor. Wo der Grat schmaler wird, weicht der Pfad an den Hang rechts aus und steigt weiter an. Der Hang ist felsdurchsetzt und fällt jäh ab ins Lauenental, der Pfad schmal und an den exponiertesten Stellen mit Seilen gesichert. Gegen die Wandeliflue zu, dem höchsten Gratpunkt mit 2203 m, verläuft er über den Grat. Linkerhand über dem Talkessel der Alp Turnels der Giferspitz und das Lauenehore. Von der *Wandeliflue* im Zickzack abwärts und weiter sinkend an der Schutzhütte am Westhang des Brüeschegrates vorbei. Wieder kehrt der Pfad auf den Grat zurück und senkt sich leicht zum *Turnelssattel*, Pt. 2086.
Die nächsten 400 Wegmeter steigen sanft an über den Westgrat des Lauenehore. Wo er steiler wird, bei der Verzweigung nach rechts in den ebenfalls recht steilen Hang der Horemäder. Fast horizontal wird dieser Wildhou- und Gemsweidehang bis zum Südostgrat des Lauenehore gequert. Über diesen allmählich flacher und breiter werdenden Grat hinab zum *Türli*, dem Übergang vom Turbachtal ins Tal von Lauenen. In der vorherigen Richtung weitergehend leicht über die Losegg ansteigen und rechts haltend den Hang unter der Tube queren. Am *Trüttlisbergpass* mündet unser Pfad in den Passweg Lenk–Lauenen.
Weiter geht es nun nicht links Richtung Lenk, sondern rechts Richtung Lauenen. Doch nur für 300 m, dann zweigt der Weg hinab nach Lauenen rechts ab. Leicht sinkend und den breiten Gratbuckel zu unserer Linken weiter umgehend gelangen wir zurück auf die Wasserscheide zwischen Saane und Simme. Der Weg steigt wieder und führt nun während einem halben km mitten durch eine einzigartige Kraterlandschaft. Dutzende von teilweise beeindruckend grossen Einsturztrichtern sind im Laufe der Zeit hier in den Gryden – einer ausgedehnten Gipsregion – entstanden. Vor dem höchsten Punkt, den Stübleni, links abwärts am Nordhang der *Stübleni* zum Wegweiser *Gryden,* 1987 m.
Hier wechselt man an den Südhang der Gryden. Horizontal, dann leicht fallend, wird der vorletzte Wegkilometer zurückgelegt. Dabei geniesst man einen prächtigen Blick zum Wildstrubel und den übrigen Bergen am Talabschluss des Simmentals links und rechts des Rawilpasses. Auf breitem,

schier topfebenem Weg wird der letzte km am Nordwesthang des Leiterlis mühelos bewältigt und vom *Leiterli* aus erst recht ohne Anstrengung mit der Gondelbahn hinab nach Lenk gefahren. Gleich nach der Ankunft im Talboden des Obersimmentals kann man links im Kurzentrum das Lenker Schwefelwasser versuchen.

28 Höhi Wispile–Chrinepass–Lauenensee

Bergweg. Wenn ein Höhenweg die Bezeichnung «Höhenweg» verdient, dann sicher dieser Weg über die Alpweide-Rücken zwischen den Tälern von Lauenen und Gsteig! Nach dem Abstieg zur Chrine kurze Gegensteigung und Abstieg zum Lauenensee im Naturschutzgebiet Gelten-Iffigen. Naturweg.

Route	Höhe in m	Hinweg	Rückweg
Höhi Wispile	1907	–	3 Std.
Chrinepass	1659	1 Std. 15 Min.	1 Std. 30 Min.
Lauenensee	1381	2 Std. 30 Min.	–

Die Talstation der Wispile-Gondelbahn befindet sich an der Hauptstrasse Richtung Gsteig, 1,5 km vom Bahnhof Gstaad entfernt. In 13 Minuten überwindet die Gondelbahn via Zwischenstation Bodme bis zur Bergstation einen Höhenunterschied von 860 m.

Von der Bergstation *Höhi Wispile* nicht dem breiten Weg rechts folgen, sondern links davon über die Weide zum höchsten Punkt des Wispile-Höhenzuges, dem *Stand,* 1938,9 m, ansteigen. Hier geniesst man einen weiten Rundblick übers Saanenland. Doch auch während den folgenden 3,5 Wegkilometern kommen die Augen voll auf ihre Rechnung. Über den breit-runden, mehrheitlich unbewaldeten Weiderücken der Wispile südwärts wandernd, schweift der Blick beständig zu den höchsten Gipfeln in der Süd-

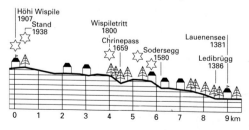

westecke des Berner Oberlandes. Vom Wildhorn über die Berge der Sanetschpassregion bis zum Oldenhorn reicht die imposante Gipfelschau. Einige Sennhütten stehen an unserem Weg, der sich anfänglich leicht sinkend, dann horizontal oder sanft ansteigend, allmählich der breiten Felspyramide des Spitzhorns nähert.

Beim *Wispiletritt* findet das beschauliche Dahinschreiten auf grüner Alpweide ein jähes Ende: Steil fällt vor uns der bewaldete Hang ab zur Chrine, dem Übergang von Lauenen nach Gsteig. Bei der Wegverzweigung links weitergehend verliert man auf dem vorzüglich angelegten Weg in einer Reihe von Zickzackkehren bis hinab zum Wegweiser *Chrinepass*, 1659 m, ziemlich genau 150 Höhenmeter.

Beim erwähnten Wegweiser geradeaus quer zum Pass und entlang der bewaldeten Rippe rund 100 m höher steigen. Wenige m bevor man die Verzweigung Walliser Wispile/Lauenensee erreicht, öffnet sich der Blick links hinunter zum Dorf Lauenen und quer übers Tal hinüber zum Wasserngrat, Giferspitz und Lauenehore. An der Verzweigung links und fast horizontal den locker bewaldeten feuchtgründigen Hang queren. Vorne auf der Egg prächtiger Ausblick zu Niesen-, Hahnenschritt-, Wild-, Mutt- und Spitzhorn. Nun senkt sich unser Weg links abwärts. Nach einem flachen Bödeli sieht man hinab zum Lauenensee.

Wieder geht es steiler hangabwärts, bei einer Hütte auf *Soderseyg* nach rechts. Horizontal, leicht steigend oder sinkend weitergehend werden vier Wasserläufe gequert. Nach einem weiteren Bächlein mündet der Pfad in einen Fahrweg, der am Hang über dem Lauenensee abwärts führt. Dabei werden der Louigrabe und weitere Lawinenzüge gekreuzt. Beim Wegweiser *Ledibrügg*, 1386 m, links abbiegen zum Parkplatz und zur Postautohaltestelle oder zum Restaurant am *Lauenensee* (S. 101).

Der Wanderweg von der Höhi Wispile zum Chrinepass (Routen 28, 29, 32 und 45) darf ohne Übertreibung als «der Höhenweg» bezeichnet werden, bietet er doch gleichermassen reiche Nah- und Fernsicht. Besonders beschaulich lässt es sich am Alpweideseelein nahe dem Wispiletritt rasten. Im klaren Wasser spiegeln sich von links nach rechts Schluchhore, Oldenhore und Sex Rouge.

29 Höhi Wispile–Chrinepass–Gsteig

Wenn ein Höhenweg die Bezeichnung «Höhenweg» verdient, dann sicher dieser Weg über den Alpweide-Rücken zwischen den Tälern von Lauenen und Gsteig! Auch der Abstieg nach Gsteig ist angenehm zu begehen. Hartbelag 150 m im Abstieg und die letzten 900 m vor Gsteig.

Route	Höhe in m	Hinweg	Rückweg
Höhi Wispile	1907	–	3 Std. 15 Min.
Chrinepass	1659	1 Std. 15 Min.	1 Std. 45 Min.
Gsteig	1184	2 Std. 30 Min.	–

Die Talstation der Wispile-Gondelbahn befindet sich an der Hauptstrasse Richtung Gsteig, 1,5 km vom Bahnhof Gstaad entfernt. In 13 Minuten überwindet die Gondelbahn via Zwischenstation Bodme bis zur Bergstation einen Höhenunterschied von 860 m.

Von der Bergstation *Höhi Wispile* nicht dem breiten Weg rechts folgen, sondern links davon über die Weide zum höchsten Punkt des Wispile-Höhenzuges, dem *Stand,* 1938,9 m ansteigen. Hier geniesst man einen weiten Rundblick übers Saanenland. Doch auch während den folgenden 3,5 Wegkilometern kommen die Augen voll auf ihre Rechnung. Über den breitrunden, mehrheitlich unbewaldeten Weiderücken der Wispile südwärts wandernd, schweift der Blick beständig zu den höchsten Gipfeln in der Südwestecke des Berner Oberlandes. Vom Wildhorn über die Berge der Sanetschpassregion bis zum Oldenhorn reicht die imposante Gipfelschau. Einige Sennhütten stehen an unserem Weg, der sich anfänglich leicht sinkend, dann horizontal oder sanft ansteigend, allmählich der breiten Felspyramide des Spitzhorns nähert.

Beim *Wispiletritt* findet das beschauliche Dahinschreiten auf grüner Alpweide ein jähes Ende: Steil fällt vor uns der bewaldete Hang ab zur Chrine, dem Übergang von Lauenen nach Gsteig. Bei der Wegverzweigung links

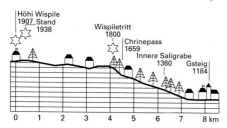

Gstaad

weitergehend verliert man auf dem vorzüglich angelegten Weg in einer Reihe von Zickzackkehren bis hinab zum Wegweiser *Chrinepass,* 1659 m, ziemlich genau 150 Höhenmeter. Beim erwähnten Wegweiser rechts abwärts zur Alphütte. Hier links weiter abwärts in den Alpfahrweg, der tiefer unten zum Hartbelagssträsschen wird. Doch brauchen wir ihm nicht bis hinab nach Gsteig zu folgen, sondern können bald links auf einen Fussweg abzweigen. Weiter unten berührt er zweimal nur kurz die Strasse. Beim dritten Mal heisst es dann rund 150 m über die Strasse zu gehen, bevor man wieder links abzweigt. Am Waldrand und neben dem *Inneren Saligrabe* geht es dem Talgrund entgegen – ein hübscher Wegabschnitt. Der Weg mündet am Hangfuss in eine Strasse, welche Saane und Talboden quert. Auf der Hauptstrasse links zur Postauto-Haltestelle oder ins Dorf *Gsteig* (S. 100).

30 Eggli–Wild Boden–La Videmanette

Bergweg. Eine lohnende abwechslungsreiche Höhenwanderung. Vielfältig sind die Ausblicke auf den ersten Wegkilometern über den Kamm zwischen Meielsgrund und Chalberhöni sowie auf dem letzten Wegabschnitt auf Waadtländer Boden. Nur wenige hundert m Hartbelag.

Route	Höhe in m	Hinweg	Rückweg
Eggli	1559	–	3 Std. 30 Min.
Hinder Eggli	1595	35 Min.	3 Std.
Wild Boden	1651	1 Std. 20 Min.	2 Std. 15 Min.
Trittlisattel	1880	2 Std. 15 Min.	1 Std. 40 Min.
Gour de Comborsin	1714	2 Std. 40 Min.	1 Std.
La Videmanette	2158	4 Std. 20 Min.	–

Um zur Eggli-Gondelbahn zu gelangen, folgt man vom Gstaader Dorfzentrum der Hauptstrasse in Richtung Gsteig über den Louibach. Wo sie nach

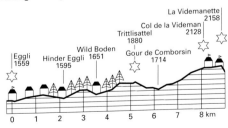

Gstaad

weiteren 200 m nach links umbiegt, geradeaus auf dem Mattengässli quer durch den Talboden. Jenseits der Brücke über die Saane nach links zur Talstation der Gondelbahn. Sie bringt uns in 7 Minuten auf die 514 m höher liegende Bergstation.

Von der Gondelbahn-Station *Eggli* hinab in die Mulde und am Gegenhang aufwärts in den Fahrweg. Leicht ansteigend zum Vorderen Eggli, etwas Höhe verlierend weiter über die Alpstrasse zum *Hinderen Eggli*, wo man links abzweigt. Der Pfad steigt an zum bewaldeten Muttenhubel und führt rechts an seinem höchsten Punkt vorbei. Bis in die Mulde vor der Alphütte *Wild Boden* absteigen, neben der Hütte kurz der Alpstrasse folgen und rechts hinauf abzweigen. Kurz nachher wieder rechts aufwärts und durch den Wald am Gummesel ansteigen. Der Wald lichtet sich, urwüchsige uralte Arven künden vom harten Kampf gegen die rauhe Bergnatur.

Nach dem Wegweiser *Trittlisattel*, 1880 m, rechts abwärts und anschliessend fast horizontal eine Schutthalde und absteigend den steilen Hang unter den Wänden der Gummfluh queren. Nach einer Rast am kleinen Bergsee *Gour de Comborsin* folgt die Hauptsteigung des Tages: Kurz nach dem See wendet sich der Pfad talauswärts, biegt links um eine Geländerippe und zieht sich durch eine Weidemulde hangaufwärts zum *Col de la Videman.* Damit sind schon 300 Steigungsmeter überwunden – die restlichen 100 «bezwingt» man auf dem Grat rechts ansteigend. Halblinks vor uns das Felsmassiv des Rocher Plat, im Rücken die noch gut 200 m höhere Gummfluh, rechts der Blick ostwärts übers Saanenland, links das unter Naturschutz stehende Pierreuse-Tal; wenn man Glück hat, findet man nebst Blumen Steinböcke am Weg und Steinadler am Himmel – hier gibt es manches zu schauen!

Der Pfad zweigt links vom Grat ab, und die letzte Wegstrecke führt horizontal verlaufend an der kleinen Cabane de la Videmanette vorbei am Südhang der Roches à Pointes zur Gondelbahn und dem Bergrestaurant *La Videmanette.* Die Talstation der Gondelbahn liegt 1188 m tiefer unten am linken Ufer der Saane. Die MOB-Station Rougemont wird in 10 Minuten die Saane überschreitend und leicht ansteigend erreicht.

Die Netzblättrige Weide ist ein 4–12 cm vom Boden abstehender Zwergspalierstrauch mit runden, deutlich netzadrigen Blättern. Die roten Blütenkätzchen bilden einen hübschen Kontrast zu den fettgrünen Blättern. Die Pflanze wächst auf Kalkfelsen und blüht von Juni bis August.

31 Feutersoey–Arnensee–Col du Pillon

Bergweg ab Arnensee. Eine lohnende Wanderung durchs Tschärzistal zum Arnensee; teilweise steiler Auf- und Abstieg zur Voré und am Lac Retaud vorbei zum Col du Pillon. Nur zu Beginn und am Ende kurze Hartbelagsstrecken. Sehr empfehlenswert auch in der Gegenrichtung!

Route	Höhe in m	Hinweg	Rückweg
Feutersoey 🚌	1130	–	3 Std. 40 Min.
Linders Vorschess	1373	1 Std.	2 Std. 40 Min.
Arnensee	1542	2 Std.	2 Std. 10 Min.
Voré (Chalet-Vieux)	1917	3 Std. 10 Min.	1 Std.
Lac Retaud	1685	3 Std. 40 Min.	25 Min.
Col du Pillon 🚌	1546	4 Std.	–

Von der Post *Feutersoey* der Hauptstrasse entlang Richtung Gstaad und links auf die Strasse zum Arnensee abzweigen. Wo sie nach einem halben km am Eingang ins Tschärzistal im Wald verschwindet, links abzweigen und über die Egg ansteigen bis *Tuxberg*. Nun rechts weiter auf einem Forstfahrweg, der mit bald nachlassender Steigung ins Tschärzis hinein führt und bei *Linders Vorschess* den Tschärzisbach quert. Man überschreitet die Brücke nicht, sondern folgt dem Wanderweg links vom Wasserlauf. Nach eineinhalb km entfernt sich der Weg weiter vom Bach und führt weiterhin im Wald in angenehmer Steigung zur Alp *Unters Stuedeli*. Nun kann man die bisherige Richtung beibehalten und mehrheitlich durch Wald direkt zur Alp Seeberg aufsteigen. Empfehlenswerter ist jedoch der Umweg am *Arnensee* entlang. Also beim Untern Stuedeli über den Alpfahrweg kurz rechts abwärts und über den Staudamm gehen. Am Dammende links und eineinhalb km am Seeufer auf dem Strässchen taleinwärts. Am südlichen Seeende setzt die Steigung über den Fahrweg zur Alp *Seeberg* ein. Zwischen den beiden Alpgebäuden rechts hangaufwärts. Prächtiger Rückblick übers Tschärzistal

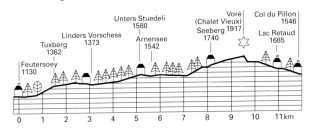

und den Arnensee hinweg! Der Pfad wendet in südliche Richtung, die Steigung lässt nach. Kurz nach einem Seelein ist der Übergang vom Tschärzistal ins Pillongebiet, Pt. 1917, unweit des *Chalet Vieux,* erreicht.
Steil fällt der Hang ab, über den sich nun unser Pfad abwärts zieht. Rechts haltend über Marche de Retaud zum *Lac Retaud*. Vom Col du Pillon führt ein Fahrsträsschen hier herauf zum Gasthaus. Auf Abkürzungen durch lichten Fichten- und Bergföhrenwald, vorbei an eigenartigen Kuppen und Gipstrichtern, geht es hinab zur Passhöhe des *Col du Pillon*.

32 Feutersoey–Wispiletritt–Höhi Wispile

Bergweg. Nach 700 m Aufstieg zum Wispiletritt folgt eine aussichtsreiche Höhenwanderung über den Alpweiderücken der Wispile zwischen den Tälern der Saane und des Louibaches. Nur zu Beginn wenige m Hartbelag.

Route	Höhe in m	Hinweg	Rückweg
Feutersoey 🚌	1130	–	2 Std. 30 Min.
Wispiletritt	1800	2 Std.	1 Std.
Höhi Wispile 🚠	1907	3 Std.	–

Von der Post *Feutersoey* gut 100 m auf der Hauptstrasse Richtung Gsteig. Links hinunter über die Saane, etwa 30 m auf dem Uferweg an der Saane aufwärts, und schon zweigt unser Weg halblinks ab. Sogleich setzt die Steigung am Hang über Feldwege und Wegspuren ein. Ein Strässchen wird gekreuzt, steil geht es ein Wäldchen hinauf. Rechts haltend gelangt man zu einem Wohnhaus. Weiter hangaufwärts, nach rechts ein Bächlein kreuzen und bergauf gehend links an einer Scheune vorbei zum Heimwesen im *Schmidsfang,* Pt. 1324. An der Scheune rechts oben vorbei, dann durch feuchtes Streueland weniger steil ansteigend, zu zwei Wohnhäusern. Zwi-

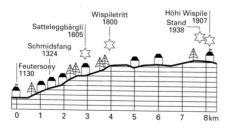

Ausblick von der unvergleichlich schönen Höhenwanderung über die Höhi Wispile (Routen 28, 29, 32 und 45) zum Talabschluss über Gsteig mit Sanetschhore, Oldenhore und Les Diablerets.

schen den Gebäuden hindurch, links halten und vor dem Bächlein rechts hinauf. Bevor der Weg im Wald verschwindet, wird ein holpriger Fahrweg gekreuzt. Im Wald ansteigen, nach links um eine Hütte herum und weiter aufwärts zwischen Fichtengruppen. Flach durch eine Mulde hinüber zur Hütte bei *Pt. 1605* auf einer breiten Egg mit schönem Ausblick ins Gebiet Sanetsch, Pillon, Staldeflüe. Über die Egg leicht ansteigen zur Verzweigung, hier links haltend weiter am Waldrand in nicht steilem Anstieg über die Egg hinauf. Nach einem halben km nimmt die Steigung zu und im Zickzack führt der Pfad durch Wald auf den *Wispiletritt.*

Damit ist die Hauptsteigung überwunden. Horizontal, leicht sinkend oder steigend führt nun der Weg in nördlicher Richtung über den mehrheitlich unbewaldeten, breit-runden Alpweiderücken des Wispile-Höhenzuges. Einige Sennhütten stehen an diesem idealen, 3,5 km langen Höhenweg. Dreht man sich um, ist der Blick frei zu den höchsten Gipfeln in der Südwestecke des Berner Oberlandes. Vom Wildhorn über die Berge der Sanetschpassregion bis zum Oldenhorn reicht die imposante Gipfelschau. Kurz vor dem höchsten Punkt der Wispile, dem 1938,9 m hohen *Stand,* bei der Wegverzweigung rechts. Vom Stand aus geniesst man einen weiten Rundblick übers Saanenland. Bald ist die 30 m tiefer liegende Bergstation *Höhi Wispile* der Gondelbahn erreicht. In 13minütiger Fahrt tragen uns die Gondeln via Zwischenstation Bodme weitere 860 m abwärts in den Talboden von Gstaad.

33 Feutersoey–Chrinepass–Lauenensee

Bergweg. Lohnende Wanderung vom Tal der Saane hinüber zum Lauenensee hinten im Lauenental. Nur am Anfang wenige m Hartbelag, nachher Naturwege. Im Abstieg zum Lauenensee teilweise sumpfig.

Route	Höhe in m	Hinweg	Rückweg
Feutersoey 🚌	1130	–	2 Std. 45 Min.
Chrinepass	1659	1 Std. 45 Min.	1 Std. 30 Min.
Lauenensee 🚌	1381	3 Std.	–

Von der Post *Feutersoey* gut 100 m auf der Hauptstrasse Richtung Gsteig. Links hinunter über die Saane, etwa 30 m auf dem Uferweg an der Saane aufwärts, und schon zweigt unser Weg halblinks ab. Sogleich setzt die Steigung am Hang über Feldwege und Wegspuren ein. Ein Strässchen wird gekreuzt, steil geht es ein Wäldchen hinauf. Rechts haltend gelangt man zu einem Wohnhaus. Weiter hangaufwärts, nach rechts ein Bächlein kreuzen und bergauf gehend links an einer Scheune vorbei zum Heimwesen im *Schmidsfang*, Pt. 1324. An der Scheune rechts oben vorbei, dann durch feuchtes Streueland weniger steil ansteigend, gelangt man zu zwei Wohnhäusern. Zwischen den Gebäuden hindurch, links halten und vor dem Bächlein rechts hinauf.

Bevor der Weg im Wald verschwindet, wird ein holpriger Fahrweg gekreuzt. Im Wald ansteigen, nach links um eine Hütte herum und weiter aufwärts zwischen Fichtengruppen. Flach durch eine Mulde hinüber zur Hütte bei *Pt. 1605* auf einer breiten Egg mit schönem Ausblick ins Gebiet Sanetsch, Pillon, Staldeflüe. Über die Egg leicht ansteigen zur Verzweigung, wo unser Weg rechts in den bewaldeten Hang hineinführt. In leichtem Auf und Ab durch Wald und über Weide zur Hütte unter dem Chrinepass und hinauf zum Übergang ins Tal von Lauenen.

Auf dem *Chrinepass* beim Wegweiser rechts und entlang der bewaldeten

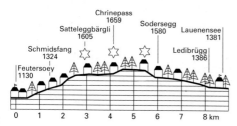

Rippe rund 100 m höher steigen. Wenige m bevor man die Verzweigung Walliser Wispile/Lauenensee erreicht, öffnet sich der Blick links hinunter zum Dorf Lauenen und quer übers Tal hinüber zum Wasserngrat, Giferspitz und Lauenehore. An der Verzweigung links und fast horizontal den locker bewaldeten feuchtgründigen Hang queren. Vorne auf der Egg prächtiger Ausblick zu Niesen-, Hahnenschritt-, Wild-, Mutt- und Spitzhorn. Nun senkt sich unser Weg links abwärts. Nach einem flachen Bödeli sieht man hinab zum Lauenensee.

Wieder geht es steiler hangabwärts, bei einer Hütte auf *Sodersegg* nach rechts. Horizontal, leicht steigend oder sinkend weitergehend werden vier Wasserläufe gequert. Nach einem weiteren Bächlein mündet der Pfad in einen Fahrweg, der am Hang über dem Lauenensee abwärts führt. Dabei werden der Louigrabe und weitere Lawinenzüge gekreuzt. Beim Wegweiser *Ledibrügg,* 1386 m, links abbiegen zum Parkplatz und zur Postautohaltestelle oder zum Restaurant am *Lauenensee* (S. 101). Der Lauenensee, die Alpen Chüe- und Stieretungel im Lauenental, das Iffigtal und der Hohberg auf Lenkerboden bleiben dank Unterschutzstellung vor den Folgen touristischer Infrastruktur verschont.

Am Lauenensee (Routen 28, 33 und 43). Der auf 1383 m gelegene Bergsee droht durch fortschreitende Verlandung zunehmend an offener Wasserfläche zu verlieren. Der im Naturschutzgebiet Gelten-Iffigen gelegene See ist sowohl botanisch wie zoologisch interessant.

34 Gsteig–Sanetschpass–Sion

Bergweg. Über den historisch bedeutsamen Sanetschpass von der Saane zur Rhone ab Grand Zour überwiegend auf Hartbelag.

Route	Höhe in m	Hinweg	Rückweg
Gsteig 🚌	1184	–	9 Std. 45 Min.
Lac de Sénin/Staumauer 🚌	2035	3 Std.	7 Std. 40 Min.
Sanetschpass	2242	4 Std.	6 Std. 50 Min.
Tsanfleuron/Hôtel du Sanetsch	2047	4 Std. 30 Min.	6 Std.
Grand Zour 🚌	1437	5 Std. 50 Min.	4 Std. 20 Min.
Pont du Diable	905	7 Std.	2 Std. 40 Min.
St-Germain (Savièse) 🚌	820	8 Std. 30 Min.	1 Std. 10 Min.
Sion/Bahnhof 🚆 🚌	491	9 Std. 30 Min.	–

Beim *Gsteiger* Dorfplatz (S. 100) vor dem Hotel «Bären» wählt man die halblinks von der Hauptstrasse abzweigende Strasse. Auf ihr taleinwärts schreitend gelangt man nach 700 m an die Saane. Vor der Brücke rechts und weiter auf der Strasse am Saaneufer bis hinter die Zentrale des Sanetsch-Kraftwerkes. Nun setzt die Steigung ein. Bei *Pt. 1478,* wo links der Alpfahrweg zur Alp Burg abzweigt, geht man rechts weiter. In vielen Zickzackkehren zieht sich der Passweg durch den felsgesäumten, steil ansteigenden Kessel des Gaagge hinauf zur Kantonsgrenze. 2002 m über dem Meeresspiegel wechselt der Passweg auf Walliserboden.
Bis zur Passhöhe liegt aber noch eine Wegstrecke von gut vier km und eine Steigung von 240 m vor uns. In leichtem Anstieg gelangt man zur Staumauer des *Lac de Sénin* (Sanetschsee), und folgt nun dem See entlang – wie auch weiter hinten im Talboden – der Strasse, die vom Rhonetal hier herüber führt. Wo sie sich 500 m nach der Brücke über La Sarine, die Saane, nach rechts wendet, zweigt man links ab, folgt ihr höher oben kurz um eine Kehre, kreuzt sie noch einmal und gelangt in leichtem Anstieg zur Höhe des *Sanetschpasses* (S. 103).

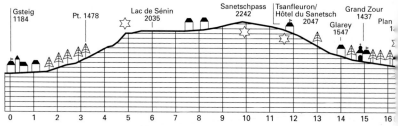

Rechts am Weg beginnen die gewaltigen grossflächigen Karrenfelder der Lapis de Tsanfleuron, die sich kilometerweit zur Diablerets hin erstrecken. Links steigt die Arête de l'Arpille an zum Arpelistock. Im Süden grüssen jenseits des Rhonetals die Hochalpengipfel der Walliser Alpen.
Der Weg senkt sich zur sattgrünen, topfebenen Fläche des Plan de la Fontaine auf der Alp *Tsanfleuron,* welcher Name «blumenbesäte Weide» bedeutet. Über eine Steilstufe geht es darauf hinab zum *Hôtel du Sanetsch,* das sich einer imposanten Aussicht auf den Kranz der Walliser Eisriesen erfreut, zu denen sich jetzt auch der mächtige Grand Combin gesellt.
In der Nähe eines schönen Wasserfalls führt der Pfad nun in zahllosen Windungen über die überaus blumenreiche Rasenflanke zu den ersten Lärchen hinunter. Im Westen beherrscht die Pyramide der Fava die Szene. Über das tief eingefressene wilde Bachbett zur Hüttengruppe *Glarey* und auf dem Fahrsträsschen der rauschenden Morge entlang durch das Waldtal abwärts. Man sieht am linken Hang noch Reste der kühn angelegten Wasserleitung, die einst die Terrasse von Savièse bewässerte. Seit 1934 ist diese Leitung durch einen Stollen unter dem Prabé hindurch ersetzt.
Bei *Grand Zour* (offene Kapelle, Auberge) gelangt man an die Sanetschstrasse und wandert auf dieser weiter. Bei La Tsandra wird die Morge angezapft und das Wasser nach Derborence geleitet, wo es die Zentrale Ardon mitspeist. Beim *Plan Cernet* schöner Blick ins Hochtal des Nétage. Unmittelbar vor *Coppet* zweigt der alte Passweg von der Asphaltstrasse ab und senkt sich als anfänglich angenehmer, dann zeitweilig recht rauher Fussweg durch den Forêt des Rives. Zweimal kreuzt er die Fahrstrasse. Zeitweilig verläuft er am Rand der tiefen Schlucht der Morge und bietet herrliche Ausblicke über das Rhonetal. Am obern Eingang eines kurzen Strassentunnels betritt man endgültig die Asphaltstrasse. Am untern Tunnelende überquert diese die enge, schwindelnd tiefe Schlucht, wenig unterhalb der alten steinernen Bogenbrücke, dem *Pont du Diable.* Hoch im Talhang ist die Strasse in den schiefrigen Fels gehauen. Die zerbeulten Leitplanken zeugen von gelegentlichem Steinschlag. Einen Stollen passierend, beginnt die Strasse anzusteigen. Jenseits des Morgegrabens, unter dem Dorf Daillon, werden

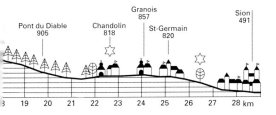

die ersten Reben sichtbar, die den ganzen Südhang bis zum Dorf Erde bedecken. Dieses sitzt auf schöner Terrasse unter dem Massiv des Mont Gond. Man gelangt zur schöngelegenen Kapelle Notre Dame des Corbelins aus dem Jahre 1666. Kurz weiter strassaufwärts nach *Chandolin,* dem ersten Dorf der Terrasse von Savièse. Durch die winklige Dorfstrasse mit zum Teil noch urtümlichen alten Häusern und am Schulhaus mit dem reizenden alten Glockentürmchen vorüber aus dem Dorf hinaus. Oberhalb der Rebhänge, die gegen Conthey abfallen, auf der Strasse weiter. Der Blick geht über das Rhonetal gegen die dicht besiedelte Terrasse von Nendaz hinüber und in das von Mont Fort und Rosablanche abgeschlossene Val de Nendaz. Auf benachbartem Waldhügel die Ruine von La Soie.
Von *Granois* senkt sich die Strasse nach *St-Germain* (Savièse). Im Dorfzentrum sind eine Traubenpresse, ein alter Mühlstein und ein primitiver Pflug

Der weitverbreitete Admiral lässt sich von Blüten und überreifen Früchten anlocken. Er fliegt in zwei Generationen von Mai bis Oktober, wobei die Falter der ersten Generation im Frühjahr aus dem Süden einwandern. Der rot und orange gezeichnete, samtbraune Falter überwintert südlich der Alpen.

mit einem Kreuz zu einer sinnigen blumengeschmückten Gruppe vereinigt. Unterhalb der Kirche am Sportplatz und den Schulgebäuden vorüber abwärts. Ein Teersträsschen senkt sich in die Reben am rechten Hang des Sionnetales, direkt auf das graue Gemäuer von Tourbillon zu. Nach kurzer Zeit weist ein Pfeil nach links auf einen ebenen Naturweg (leicht zu übersehen!). Man kommt zu einer einzelnen Eiche inmitten der Reben. Hier hat man die beiden Burghügel von Sitten unmittelbar vor sich, vor dem Hintergrund der Bergumrahmung des Val d'Hérens, aus der die stolze Dent Blanche herausragt. Der Weg fällt nun steil ab und mündet in ein Teersträsschen. Im Abstieg durch den Rebhang interessanter Gesamtanblick Sions. Bei den grossen Gebäuden der Ecole Normale erreicht man den Stadtrand am Chemin de Pellier.
Dem Friedhof entlang durch die Avenue St-François stadteinwärts. Der angenehmste Weg ins Stadtzentrum führt geradeaus durch die stille Rue de Savièse zur Kathedrale Notre Dame oder zur Rue du Grand Pont, wo das Hôtel de Ville steht und der Aufstieg zu den Burghügeln beginnt. Reizvoll ist der Gang durch die verkehrsfreie Rue de Conthey mit den Strassencafés. Durch die Rue de Lausanne zur Avenue de la Gare und durch diese zum Bahnhof *Sion/Sitten* (S. 104).

35 Gsteig–Oldenegg–Gemskopf

Bergweg ab Reusch. Bis Alp Reusch leichter, nachher steiler Aufstieg in die felsige und luftseilbahnerschlossene Bergwelt der Diableretsgruppe. Nur wenige m Hartbelag.

Route	Höhe in m	Hinweg	Rückweg
Gsteig 🚌	1184	–	3 Std. 30 Min.
Alp Reusch	1320	50 Min.	2 Std. 45 Min.
Bödeli	1548	1 Std. 30 Min.	2 Std. 15 Min.
Oldenegg 🚡	1919	2 Std. 40 Min.	1 Std. 15 Min.
Gemskopf 🚡	2525	4 Std. 45 Min.	–

Von der Post *Gsteig* (S. 100) auf der Hauptstrasse kurz taleinwärts und vor Rüschbach und Hotel Bären rechts hinauf. Weniger ansteigend durch die bewaldete Böschung rechts über dem Bach und wenige m abwärts zur Brücke der Pillonstrasse über den Rüschbach im Heiti. Vom Dorfzentrum aus erreicht man diese Stelle, indem man zwischen Hotel Bären und Kirche aufsteigt und dann der Pillonstrasse folgt.
Nun 300 m dem Rüschbach entlang, auf die andere Bachseite wechseln und kurz darauf rechts vom Fahrweg abzweigen. Der Fussweg führt weiter dem bewaldeten Bachufer entlang, steigt dann über die Weide von *Ägerte* an zur Hütte. Kurz abwärts, bei der folgenden Verzweigung geradeaus und in wechselnder Steigung oder ebenen Weges durch den Sitenwald. Nach einem km im Wald senkt sich der Weg über Weide hinab zur Brücke, über welche die Zufahrt von der Pillonstrasse zur Alp Reusch erfolgt. Bei den Alpgebäuden von *Reusch* geradeaus ganz leicht ansteigend zum Waldrand. Im Wald nimmt die Steigung zu, der Pfad quert rechts haltend den Oldenbach. Weiter ansteigend wird die Alphütte *Bödeli* erreicht. Danach werden am Hang rechts in vielen Zickzackkehren weitere 400 Höhenmeter gewonnen. Unterwegs, beim Wegweiser auf *1680 m,* wird rechts gehalten. Nur

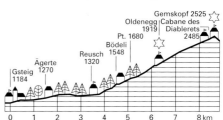

Die Kernzone von Gsteig (Routen 26, 29, 34–38 und 44) ist im Bundesinventar schützenswerter Ortsbilder verzeichnet. Neben der Kirche, dem Wahrzeichen Gsteigs, ist vor allem die schöne Zimmermannskunst am alten Gasthof «Bären» (1756) mit den reichen Schnitzereien beachtenswert.

schwindelfreie Wanderer dürfen hier den Pfad links wählen und so die Steilstufe neben den Oldenbachfällen überwinden, um ins Tal von Olden zu gelangen. «Normalwanderer», die dieses auch sehen möchten, halten beim erwähnten Wegweiser rechts und können weiter oben links zu den obern Alphütten von Olden abzweigen. Gegen die Zwischenstation *Oldenegg* der Diablerets-Luftseilbahn lassen Geländeneigung und Wegsteigung nach. Bei der Station links, im Zickzack hangaufwärts zur Galerie. Nachdem diese passiert ist, beginnt ein langgestreckter, leicht aufwärtsführender Taltrog, Martisberg oder Entre la Reille genannt. Bevor die Lufttseilbahn gebaut wurde, war dieses rund 3 km lange, abgeschiedene Hochtal sehr wenig begangen. Dann aber war es mit der Einsamkeit und der Ruhe vorbei. Um die überaus reiche Flora zu retten, die aus dem subalpinen Wald bis an die Gletscher reicht, wurde ein absolutes Pflückverbot erlassen; auch die Mur-

meltierkolonien wurden unter Naturschutz gestellt. Mit diesen Vorkehren hofft man für den Martisberg und die Oldenegg den früheren Zustand der Pflanzen- und Tierwelt erhalten zu können.
Unser Pfad zieht sich durch den Martisberg-Trog empor und führt dabei in einer Höhe von knapp 2300 m über die Kantonsgrenze Bern–Waadt. Bis zur *Cabane des Diablerets* überwindet er weitere 200 Höhenmeter. Bei der Hütte rechts haltend hat man dann nur noch 40 m anzusteigen und steht auf dem *Gemskopf* oder Tête aux Chamois. In unmittelbarer Nähe stehen die Hochalpengipfel des Diableretsmassivs. In der Gegenrichtung bietet sich eine offene Sicht über die Waadtländer und Berner Voralpenberge.

36 Gsteig–Col du Pillon– Les Diablerets

Leichte Passwanderung ins Ormonttal. Wer gerne entlang von Bächen und durch Wälder wandert, kommt voll auf seine Rechnung; Liebhaber von spektakulären Aussichten kaum. Wenige m Hartbelag zu Beginn, rund 500 m am Passübergang, 1 km am Schluss.

Route	Höhe in m	Hinweg	Rückweg
Gsteig 🚌	1184	–	3 Std. 30 Min.
Reusch 🚌	1320	50 Min.	2 Std. 50 Min.
Les Ertets	1542	1 Std. 40 Min.	2 Std. 10 Min.
Col du Pillon 🚌	1546	2 Std. 10 Min.	1 Std. 50 Min.
Gorge du Dar	1346	2 Std. 50 Min.	45 Min.
Les Diablerets 🚞 🚌	1151	3 Std. 30 Min.	–

Von der Post *Gsteig* (S. 100) auf der Hauptstrasse kurz taleinwärts und vor Rüschbach und Hotel Bären rechts hinauf. Weniger ansteigend durch die bewaldete Böschung rechts über dem Bach und wenige m abwärts zur Brücke der Pillonstrasse über den Rüschbach im Heiti. Vom Dorfzentrum

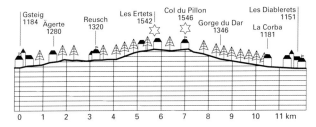

aus erreicht man diese Stelle, indem man zwischen Hotel Bären und Kirche aufsteigt und dann der Pillonstrasse folgt.
Nun 300 m dem Rüschbach entlang, auf die andere Bachseite wechseln und kurz darauf rechts vom Fahrweg abzweigen. Der Fussweg führt weiter dem bewaldeten Bachufer entlang, steigt dann über die Weide von *Ägerte* an zur Hütte. Kurz abwärts, bei der folgenden Verzweigung geradeaus und in wechselnder Steigung oder ebenen Weges durch den Sitenwald. Nach einem km im Wald senkt sich der Weg über Weide hinab zur Brücke, über welche die Zufahrt von der Pillonstrasse zur Alp Reusch erfolgt. Zwischen den Alpgebäuden von *Reusch* rechts halten, den Bach queren und zur Talstation der Diablerets-Luftseilbahn ansteigen. Über den Parkplatz leicht abwärts und kurz nach dem Bach rechts. Auch bei Sonnenschein geht es nun im Schatten von Rot- und Weisstannen in angenehmer Steigung weiter aufwärts. Schade, wird die Ruhe immer wieder gestört durch die Luftverstinker, welche jenseits des Baches der Passhöhe entgegen lärmen. Der vorzüglich angelegte Weg quert fallend eine offene Fläche und steigt nach einer Bachquerung im Zickzack weiter an. Die Alpweide *Les Ertets* und gleichzeitig die Kantonsgrenze wird überschritten und etwas absteigend die Pillonstrasse erreicht. Sie wird gekreuzt und über die alte Passstrasse bis kurz vor die Passhöhe des *Col du Pillon* aufgestiegen.
Die Passhöhe überschreitet man auf der Strasse, die nach weiteren 200 m links abwärts verlassen wird. Unser Weg wechselt durch eine Geländemulde hinüber an den Gegenhang und kreuzt den Bachlauf des Dar, welcher sich in steilem Gefälle aus der Region Oldenhorn/Sex Rouge herunter stürzt. Fast drei km steigen wir durch die *Gorge du Dar* am Bach ab. Mehrmals wechselt der Pfad von einer Bachseite zur andern, letztmals sozusagen am Dorfrand von Les Diablerets. In *La Corba* mündet er in das Strässchen, das nach links in den einzigartigen Felszirkus des Creux de Champ hineinführt. Grossartig der geologische Aufbau dieses Talkessels; grandios die Wasserfälle, die während der Schneeschmelze oder nach stärkeren Niederschlägen in ihn heruntestäuben. César de La Harpe, der Erzieher Alexanders I. von Russland, nannte den Creux de Champ den imposantesten Schauplatz der Alpen.
Wir halten rechts und erreichen in 10 Minuten die Post oder den Bahnhof von *Les Diablerets* (S. 99). Die Rückfahrt ins Saanenland kann auf verschiedenen Wegen erfolgen. Am einfachsten ist es im Postauto in der Gegenrichtung des begangenen Weges. Mit Bahn und Postauto über Le Sépey–Col des Mosses–Château-d'Oex. Oder noch weiter ausholend mit der Schmalspurbahn hinab ins Rhonetal nach Aigle. Von dort normalspurig bis Montreux und mit der MOB über Montboven–Château-d'Oex zurück ins Saanenland.

37 Gsteig–Blattipass– Col du Pillon

Bergweg. Auf Umwegen von Gsteig zum Col du Pillon: Eine Bergwanderung mit vielfältigen prächtigen Ausblicken. Steiler und sonniger Aufstieg zur Alp Vordere Walig – also möglichst früh am Morgen losmarschieren. Anfangs 1 km Hartbelag.

Route	Höhe in m	Hinweg	Rückweg
Gsteig 🚍	1184	–	3 Std. 45 Min.
Vordere Walig	1716	1 Std. 20 Min.	2 Std. 45 Min.
Topfelsberg	1814	1 Std. 40 Min.	2 Std. 30 Min.
Blattipass	1919	2 Std.	2 Std. 15 Min.
Seeberg	1712	2 Std. 30 Min.	1 Std. 30 Min.
Voré (Chalet Vieux)	1917	3 Std. 10 Min.	1 Std.
Lac Retaud	1685	3 Std. 40 Min.	25 Min.
Col du Pillon 🚍	1546	4 Std.	–

Vom Dorfzentrum oder der Postautohaltestelle bei der Post *Gsteig* (S. 100) der Hauptstrasse entlang talauswärts bis vor das Hotel «Viktoria». Nach links auf die Güterstrasse und etwa 500 m ansteigend bis zur ersten Linkskehre. Kurz nachher bei der Verzweigung rechts, bis vor einem Bächlein rechts an der Strasse eine Remise steht. Hier links hinauf und ziemlich steil über Lichtungen und durch Wald ansteigen. Man gelangt auf die Weide *Schopfi* und steigt im Zickzack zur Hütte bei Pt. 1502. Weiter geht es links hangaufwärts; weiter oben im Zickzack an Bäumen vorbei und schliesslich weglos über Weide zur mittleren Hütte der Alp *Vordere Walig*, Pt. 1716.

Von der Alphütte schräg links hinauf zum Antriebshäuschen der Materialseilbahn. Weiter hangaufwärts über einen Alpfahrweg. Prächtiger Ausblick nach Norden übers Tal der Saane zum Hundsrügg. Über dem Höhenzug der Wispile: Wasserngrat, Giferspitz und Lauenehore. An den nahen Bergen der Sanetschregion fällt auch einem Laienauge auf, wie sehr hier zur Zeit der

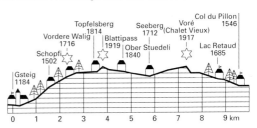

Am Aufstieg zum Chalet Vieux (Routen 31 und 37). In der Tiefe die Hütten auf Alp Seeberg, dahinter der Arnensee, der Taleinschnitt des Tschärzisbaches und die Staldeflüe.

Alpenfaltung die verschiedenen Felsschichten durcheinander geraten sind. Von einer Egg aus führt der Fahrweg horizontal weiter zur Alp *Topfelsberg,* Pt. 1814. Vorerst sanft, die letzten Meter aus einer weiten Mulde steiler nach rechts ansteigen zum Sattel zwischen Blattistand und Walighürli, dem *Blattipass,* Pt. 1919. Schöner Ausblick zu den Schneebergen der Berner Alpen vom markanten Spitzchen des Eigers im Osten bis zum Geltenhorn, welches hinter dem Grat hervorschaut, der Spitzhorn und Arpelistock verbindet.

Vom Pass links in wechselndem Gefälle über Pfadspuren oder weglos zur Alp *Ober Stuedeli.* Horizontal weiter taleinwärts über die Weide, in einigen Kehren eine Böschung hinunter, und in mässigem Gefälle zu den beiden Hütten der Alp *Seeberg.* Zwischen den Gebäuden links hangaufwärts. Prächtiger Rückblick übers Tschärzistal und den Arnensee hinweg. Der Pfad wendet in südliche Richtung, die Steigung lässt nach. Kurz nach einem Seelein ist der Übergang vom Tschärzistal ins Pillongebiet, Pt. 1917 unweit des *Chalet Vieux,* erreicht.

Steil fällt der Hang ab, über den sich nun unser Pfad abwärts zieht. Rechts haltend über Marche de Retaud zum *Lac Retaud.* Vom Col du Pillon führt ein Fahrsträsschen hier herauf zum Gasthaus. Auf Abkürzungen durch lichten Fichten- und Bergföhrenwald, vorbei an eigenartigen Kuppen und Gipstrichtern, geht es hinab zur Passhöhe des *Col du Pillon.*

38 Gsteig–Burgfälle–Walliser Wispile

Bergweg ab Kraftwerk. Eine empfehlenswerte Bergwanderung. Hochinteressant die versteckten Burgfälle, angenehm der nirgends steile Aufstieg, umfassend die Sicht übers Saanenland vom Weidegrat der Walliser Wispile – und nur 1,5 km Hartbelag zu Beginn.

Route	Höhe in m	Hinweg	Rückweg
Gsteig 🚌	1184	–	2 Std.
Burgfälle	1400	1 Std.	1 Std. 15 Min.
Burg	1507	1 Std. 15 Min.	1 Std.
Vorderi Wispile	1756	2 Std.	30 Min.
Walliser Wispile	1982	2 Std. 45 Min.	–

Beim Dorfplatz vor dem Hotel «Bären» in *Gsteig* (S. 100) wählt man die halblinks von der Hauptstrasse abzweigende Strasse. Auf ihr taleinwärts schreitend gelangt man nach 700 m an die Saane. Vor der Brücke rechts und weiter auf der Strasse am Saaneufer bis zur Zentrale des Sanetsch-Kraftwerkes.
Hier zweigt man links ab, überschreitet den fast trockenen Saanelauf auf einem Steg. Auf zuerst flachem, dann leicht ansteigendem Waldweg nähert man sich dem Lauf des Schryendgrabe, der die Burgfälle bildet. Ein schmaler, im steil abschüssigen Gelände vorzüglich angelegter Pfad ermöglicht es uns, dieses im Wald versteckte Naturschauspiel zu geniessen. Zweimal quert ein Steg den Wasserlauf; vom obern Steg aus vermögen nur schwindelfreie Leute in die tiefe Schlucht hinab zu schauen, ohne wacklige Knie zu bekommen. 150 Höhenmeter gewinnt man im Bereich der *Burgfälle* und Schluchten, bis sich der Pfad nach rechts vom Bach entfernt.
Über die Alp *Burg* steigt man weiter an und gelangt in den Fahrweg, welcher sich nach links aufwärts zieht. In angenehmer Steigung führt er in mehreren Kehren durch Fichtengruppen und über Weide auf die Alp *Vorderi Wispile*.

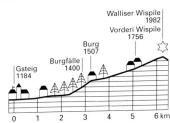

Bei der Verzweigung oberhalb des Alphüttendorfes halten wir rechts. Es folgen weitere, jetzt engere Wegkehren, nach denen man weglos kurz rechts hangaufwärts zu Pt. 1982, *Walliser Wispile* (S. 105), aufsteigt. Eine prächtige Aussicht nordwärts übers Saanenland belohnt hier die Mühe des Aufstiegs von 800 m. In der Gegenrichtung ragt direkt vor uns die wuchtige breite Felspyramide des Spitzhorns auf.
Der Abstieg kann auf der Aufstiegsroute erfolgen. Auch der Weg über Hinderi Wispile–Chrinepass und weiter abwärts nach Gsteig oder Lauenen ist lohnend und erfordert kaum mehr Zeit.

Im Jahre 1379 wurde der Grundbesitz von Wallisern auf der Nordseite des Sanetschpasses erstmals urkundlich erwähnt. Kein Wunder also, wenn uns auf der Alp Walliser Wispile (Route 38) eine Eringerkuh begegnet. Über dem Tier Schluchhore und Oldenhore.

39 Lauenen–Turnelssattel–Wasserngrat

Bergweg. Steil aber lohnend ist der Aufstieg zum Turnelssattel, *stellenweise gefährlich steil abfallend das Gelände am Weiterweg zum Wasserngrat*. Nur wenige m Hartbelag.

Route	Höhe in m	Hinweg	Rückweg
Lauenen 🚌	1241	–	3 Std.
Züneweid	1589	1 Std.	2 Std. 15 Min.
Turnelssattel	2086	2 Std. 30 Min.	1 Std. 30 Min.
Wandeliflue	2203	3 Std.	1 Std.
Wasserngrat 🚠	1936	3 Std. 45 Min.	–

Bei der Post *Lauenen* (S. 101) rechts am Mülibach aufsteigen und bald auf die andere Bachseite wechseln. Wo der Fahrweg links hinauf abzweigt, weiterhin am Bach entlang auf dem Fussweg aufsteigen. Später wieder über den Bach auf ein schmales Strässchen, nach etwa 200 m (nun auf Hartbelag) erneut den Bach kreuzen und nach links in den offenen Hang der *Sunnigi Lauene*. Man gelangt in die von Lauenen heraufführende Strasse, folgt ihr 200 m und zweigt in einer Linkskehre rechts von ihr ab. Wieder wird der Mülibach überschritten und auf dem Fahrweg weiter angestiegen.

Bei einer kleinen Sägerei links, vor einer Scheune vorbei zum Mülibach und direkt links am Wasser aufsteigen. Quer über eine Güterstrasse, bald danach den Bach überschreiten. Teilweise weglos über die Weide hinauf und kurz nach der Gabelung des Baches auf breiterem Weg nach links über die beiden Wasserläufe. Durch die erste Bachrunse steiler Blick nach oben zum Lauenehore.

Unser Weg streift das Ende der asphaltierten Alpstrasse. Auf dem Fahrweg zu den Alphütten von *Züneweid* ansteigen, beim zweiten Gebäude rechts hangaufwärts. Nach weiteren Gebäuden rechts halten, dann links weideaufwärts an den Waldrand. Den Wald und einen Lawinenzug queren und

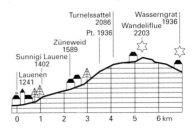

Blick auf den Routenverlauf der Routen 39 und 40. Halbrechts über Lauenen die sanfte Senke des Turnelsattels. Direkt darüber der felsige Giferspitz. Rechts davon das verschneite Lauenehore, links aussen der schroffe Wasserngrat.

stark steigend über Heumäder bergauf. Der Pfad wird noch steiler, zieht sich durch einen typischen dichten Grünerlenbestand empor. Wo das Stämmchendickicht etwas lichter wird, lohnt es sich bei einer der Verschnaufpausen, zurück hinab nach Lauenen oder rechts vom Diableretsmassiv zu den Felszacken der Dent du Midi zu schauen. Die Grünerlen werden niedriger, und nachdem man von *Pt. 1936* links hangaufwärtsgehend weitere 150 Höhenmeter geschafft hat, ist der *Turnelssattel* erreicht. Noch steht man nicht auf dem höchsten Punkt der Wanderung, aber der anstrengendste Teil des Aufstieges ist überwunden.

Nun geht es links weiter über den Höhenweg Richtung Wasserngrat. Eine Weile folgt der Pfad dem Grat, entfernt sich am Hang links etwas vom Grat. Die letzte Steigung setzt ein. An einer Schutzhütte vorbei und in einigen Zickzackkehren wird der höchste Wegpunkt, die *Wandeliflue,* Pt. 2203, erreicht. In leichtem Auf und Ab weiter über den Grat, nachher links abwärts in die steile Westflanke des Wasserngrates. Der gut angelegte Pfad ist schmal und oft felsig – stolpern darf man hier während längerer Wegstrecke auf keinen Fall! An besonders exponierten Stellen sind Seilsicherungen vorhanden. Erst kurz vor der Gondelbahnbergstation *Wasserngrat* wird das Gelände wieder zahmer, und man geniesst einen weiten Blick über den Talgrund von Gstaad und Saanen.

40 Lauenen–Turnelssattel–Lauenehore–(Giferspitz)

Bergweg. Steiler Aufstieg, der mit einem umfassenden Panoramablick belohnt wird. Nur wenige m Hartbelag.

Route	Höhe in m	Hinweg	Rückweg
Lauenen 🚍	1241	–	3 Std.
Züneweid	1589	1 Std.	2 Std. 15 Min.
Turnelssattel	2086	2 Std. 30 Min.	1 Std. 15 Min.
Lauenehore	2477	4 Std.	–

Bei der Post *Lauenen* (S. 101) rechts am Mülibach aufsteigen und bald auf die andere Bachseite wechseln. Wo der Fahrweg links hinauf abzweigt, weiterhin am Bach entlang auf dem Fussweg aufsteigen. Später wieder über den Bach auf ein schmales Strässchen, nach etwa 200 m (nun auf Hartbelag) erneut den Bach kreuzen und nach links in den offenen Hang der *Sunnigi Lauene*. Man gelangt in die von Lauenen herauf führende Strasse, folgt ihr 200 m und zweigt in einer Linkskehre rechts von ihr ab. Wieder wird der Mülibach überschritten und auf dem Fahrweg weiter angestiegen. Bei einer kleinen Sägerei links, vor einer Scheune vorbei zum Mülibach und direkt links am Wasser aufsteigen. Quer über eine Güterstrasse, bald danach den Bach überschreiten. Teilweise weglos über die Weide hinauf und kurz nach

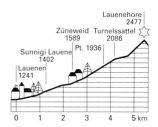

der Gabelung des Baches auf breiterem Weg nach links über die beiden Wasserläufe. Durch die erste Bachrunse steiler Blick zum Lauenehore. Unser Weg streift das Ende der asphaltierten Alpstrasse. Auf dem Fahrweg zu den Alphütten von *Züneweid* ansteigen, beim zweiten Gebäude rechts hangaufwärts. Nach weiteren Gebäuden rechts halten, dann links weideaufwärts an den Waldrand. Den Wald und einen Lawinenzug queren und stark steigend über Heumäder bergauf. Der Pfad wird noch steiler, zieht sich durch einen typischen dichten Grünerlenbestand empor. Wo das Stämmchendickicht etwas lichter wird, lohnt es sich bei einer der Verschnaufpausen, zurück hinab nach Lauenen oder rechts vom Diableretsmassiv zu den Felszacken der Dent du Midi zu schauen. Die Grünerlen werden niedriger, und nachdem man von *Pt. 1936* links hangaufwärtsgehend weitere 150 Höhenmeter geschafft hat, ist der *Turnelssattel* erreicht.

Vom Turnelssattel rechts in leichtem Anstieg dem Grat entlang. Wo der Höhenweg Richtung Trüttlisbergpass-Leiterli rechts in den Hang der Horemäder abzweigt, beginnt unser Weg wieder richtig zu steigen. 350 Höhenmeter geht es ohne jede flache Wegpartie steil grataufwärts bis aufs *Lauenehore*. Prächtig ist der Blick hinab ins Lauenental und zu einer Vielzahl von Vor- und Hochalpengipfeln; sogar der Mont Blanc ist zu sehen. Nur gegen Norden verhindert der Giferspitz den freien Ausblick. Sind die Witterungsbedingungen gut, lohnt es sich, seinen um 54 m höheren Gipfel auch noch zu besuchen. *Dieser Abstecher ist allerdings ausschliesslich schwindelfreien, trittsicheren Berggängern zu empfehlen!* Der Weiterweg zum Giferspitz führt vorerst über den begrünten Grat, sinkt in felsigem Gelände stärker und umgeht rechts vom Grat eine exponierte Gratpartie. Vom Gratsattel zwischen Lauenehore und Giferspitz, Pt. 2391, wieder rechts in die Flanke hoch über dem Turbachtal. Der Pfad verläuft nur leicht steigend durch feines oder gröberes Felstrümmermaterial an den Fuss eines Grätchens, welches über eine steile «Naturfelstreppe» erreicht wird. Nun geht es grataufwärts zur Einmündung des Pfades von Gstaad her, und weiter oben dem Grat zum *Giferspitz,* einer Aussichtswarte ersten Ranges (S. 100). Die Kette der Berner Alpen in ihrer ganzen Länge vom Wetterhorn bis zur Diablerets, darüber einige Gipfel in den Walliser Alpen, unzählige Berner, Freiburger, Waadtländer und französische Voralpengipfel, Jura und Schwarzwald und fast jeder Winkel des Saanenlandes sind zu sehen.

Für den Abstieg bieten sich drei Varianten an. Recht streng ist der Rückweg hinab nach Lauenen; ebenso der Abstieg nach Gstaad. Leichter zu bewältigen ist die Variante Wasserngrat. Man geht auf dem vom Aufstieg her bekannten Weg zurück bis zum Turnelssattel und folgt nun dem Höhenweg über die Wandelliflue zum Wasserngrat. Mit der Gondelbahn geht es dann hinab nach Gstaad.

41 Lauenen–Trüttlisbergpass–Lenk

Bergweg. Passwanderung mit mässigen Steigungen über Alpweiden ins Obersimmental. Im Aufstieg und am Ende etwas Hartbelag.

Route	Höhe in m	Hinweg	Rückweg
Lauenen 🚌	1241	–	5 Std. 15 Min.
Vordere Trüttlisberg	1818	2 Std.	4 Std.
Trüttlisbergpass	2038	2 Std. 30 Min.	3 Std. 30 Min.
Undere Lochberg	1750	3 Std. 40 Min.	2 Std. 40 Min.
Wallegg	1330	4 Std. 30 Min.	1 Std.
Lenk 🚌 🚂	1068	5 Std. 15 Min.	–

Bei der Post *Lauenen* rechts am Mülibach aufsteigen und bald auf die andere Bachseite wechseln. Wo der Fahrweg links hinauf abzweigt, weiterhin am Bach entlang auf dem Fussweg aufsteigen. Später wieder über den Bach auf ein schmales Strässchen, nach etwa 200 m erneut den Bach kreuzen und nach links in den offenen Hang der *Sunnigi Lauene*. Man folgt der von Lauenen herauf führenden Strasse 200 m und zweigt in einer Linkskehre rechts von ihr ab. Wieder wird der Mülibach überschritten und auf dem Fahrweg weiter angestiegen. Bei einer kleinen Sägerei rechts. Zwei Bäche werden überschritten und am Waldrand in die Alpstrasse aufgestiegen.
Hier rechts und während einigen hundert m der Strasse folgen, bis man links aufwärts auf den Alpfahrweg abzweigt. Über meist offene Streuewiesen und Weideflächen führt er in angenehmer Steigung zur Alphütte am *Vordere Trüttlisberg*. Bis zur Passhöhe fehlen nun noch gut 200 Höhenmeter. Sie werden überwunden, indem man in der vorherigen Richtung weiter hangaufwärts geht. Prächtige Ausblicke übers Lauenental und zu den Bergen im Talhintergrund. Der Pfad mündet in den Höhenwanderweg, welcher Wasserngrat und Rinderberg mit dem Leiterli verbindet. Diesem nach links folgen und so ebenen Weges zum Übergang des *Trüttlisbergpasses*. Am Pass fallen die beiden mächtigen Einsturztrichter im Gipsgestein auf.

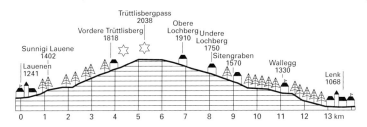

Blumenreiche Bergmäder säumen den Pfad auf dem ersten, weitgehend flach verlaufenden Abschnitt des Abstieges ins obere Simmental. Schnittlauchliebhaber können sich an den nicht seltenen durchnässten Wegstellen bedienen. Amphibienfreunde sind entzückt, wenn sie am Rande eines Laichgewässers winzig kleine Grasfröschchen entdecken. Im weiteren Abstieg über die Alpen *Obere Lochberg,* Ruefsbärgli und *Undere Lochberg* tauchen noch mehrere feuchte Wegabschnitte auf. Nach dem Wegweiser *Sitengraben,* 1570 m, folgt man ein paar hundert m der Alpstrasse.
Nun geht es rechts abwärts zum Steg über den Wallbach, und weiter talauswärts auf idealem Weg am bewaldeten steilen Hang rechts über dem Bach. Vom Waldrand hinab zum Restaurant *Wallegg.* Hier wieder links in den Wald hinein und im Zickzack hinunter in die Schlucht des Wallbaches. In der Schlucht wechselt man auf die andere Bachseite und kann sehr schöne Erosionsformen bewundern. Am Bach wird weiter abgestiegen, wieder auf das rechte Ufer gewechselt und der Kurort *Lenk* (S. 102) erreicht. Bei der brücke über den Wallbach rechts hinab ins Dorfzentrum und hier links über die Simme zum Bahnhof der MOB.

42 Lauenen–Stüblenipass–Lenk

Bergweg. Passwanderung mit mässiger Steigung über Alpweiden ins Obersimmental. Weg weniger feucht als am Trüttlisbergpass. Während des Aufstiegs und am Ende nur je wenige hundert m Hartbelag.

Route	Höhe in m	Hinweg	Rückweg
Lauenen 🚌	1241	–	5 Std. 45 Min.
Flue	1500	50 Min.	5 Std.
Obers Blatti	1842	2 Std. 10	4 Std. 15 Min.
Stüblenipass	1992	2 Std. 30 Min.	4 Std.
Leiterli 🚡	1943	3 Std. 40 Min.	2 Std. 30 Min.
Stoss 🚡	1634	4 Std. 30 Min.	1 Std. 20 Min.
Lenk 🚂 🚌	1068	5 Std. 30 Min.	–

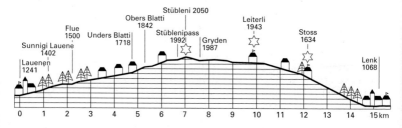

Bei der Post *Lauenen* (S. 101) rechts am Mülibach aufsteigen und bald auf die andere Bachseite wechseln. Wo der Fahrweg links hinauf abzweigt, weiterhin am Bach entlang auf dem Fussweg aufsteigen. Später wieder über den Bach auf ein schmales Strässchen, nach etwa 200 m (nun auf Hartbelag) erneut den Bach kreuzen und nach links in den offenen Hang der *Sunnigi Lauene*. Man gelangt in die von Lauenen herauf führende Strasse, folgt ihr 200 m und zweigt in einer Linkskehre rechts von ihr ab. Wieder wird der Mülibach überschritten und auf dem Fahrweg weiter angestiegen. Bei einer kleinen Sägerei rechts. Zwei Bäche werden überschritten und am Waldrand in die Alpstrasse aufgestiegen.
Hier rechts und über die Alpstrasse, die nach einigen hundert m zum Alpfahrweg wird, in leichter Steigung gut zwei km taleinwärts bis zu den Alphütten am *Unders Blatti*. Links zieht sich nun ein Fussweg über die Alpweide in wechselnder Richtung zur 240 m höher gelegenen Hütte am *Obers Blatti* hinauf. Jetzt fehlen bloss noch 35 Höhenmeter bis zum *Stüblenipass*. Über Pfadspuren gelangt man nur leicht steigend zum Übergang vom Lauenental ins Obersimmental.
Der höchste Wegpunkt ist damit aber noch nicht erreicht. Links haltend geht es noch weitere 60 m in Richtung *Stübleni* aufwärts; dann führt der Pfad am Osthang der Stübleni nach unten. Bevor man absteigt, lohnt es sich, eine längere Rast einzuschalten und den prächtigen Blick in die umliegende Bergwelt zu geniessen. Im Spätsommer und Herbst wandern hier Abermillionen von Insekten und vielerlei Arten von Zugvögeln westwärts. Höchst interessant sind auch die mächtigen Krater in der Landschaft, Einsturztrichter im Gipsgestein.
Nach dem Wegweiser *Gryden,* 1987 m, folgen zwei flache km, zuerst am Südhang der Gryde, dann am Nordwesthang des Leiterlis. Dabei geniesst man einen prächtigen Blick Richtung Wildstrubel und Rawilpass.
Sollte sich die Müdigkeit melden, kann man vom *Leiterli* mit der Gondelbahn nach Lenk hinab fahren. Zieht man es vor, den Weg zu Fuss fortzusetzen, geht man links von der Gondelbahn bis in den Sattel zwischen Leiterli und Mülkerblatte. Nun wird steiler rechts abwärts gegangen und rechts der Gondelbahn – im letzten Wegabschnitt durch Wald – zur Mittelstation *Stoss* abgestiegen. Über die Bergheumatten und Weiden von Uf de Balme und Cheerweid geht es hinab in den Talboden des oberen Simmentals. Beim Abstieg über die Cheerweid liegt unser Ziel, der Kurort *Lenk* (S. 102), vor uns. Wo der Pfad am Chrumebach in die Strasse mündet, können wir links im Kurzentrum einen Probschluck des bekannten Lenker Schwefelwassers geniessen. Weiter geht es kurz am Bach abwärts, links abzweigend hinab in die Hauptstrasse, und hier wieder links haltend ins Dorfzentrum. Der Bahnhof der MOB liegt jenseits der Simme.

43 Lauenen–Lauenensee–Geltenhütte SAC

Bergweg ab Lauenensee. Die weite Riedfläche des Rohrs, der Lauenensee, der Geltenschuss in der urtümlichen Bergwelt des Geltentales – vielfältige landschaftliche Eindrücke schenkt diese Wanderung ins Naturschutzgebiet Gelten-Iffigen. Nur wenige hundert m Hartbelag.

Route	Höhe in m	Hinweg	Rückweg
Lauenen 🚌	1241	–	2 Std. 30 Min.
Lauenensee/Büel 🚌	1381	1 Std. 10 Min.	1 Std. 30 Min.
Undere Feisseberg	1604	2 Std.	1 Std.
Geltenschuss	1901	3 Std. 15 Min.	15 Min.
Geltenhütte SAC	2007	3 Std. 30 Min.	–

Die ersten drei km dieser Wanderung verlaufen flach. Auf der Hauptstrasse vom Dorf *Lauenen* (S.101) aus taleinwärts gehend gelangt man nach einem halben km zur Brücke über den Louibach. Bei der Strassenverzweigung nach dem Bach links und meist in Bachnähe durch die Ebene des Rohrs. Weite Schilfflächen und die natürlichen Windungen des Baches prägen dieses wertvolle Feuchtgebiet. Bei einem Holzlagerplatz links von der Strasse weg und auf idealem Waldwanderweg ans Ende des ebenen Talbodens. Nach den ersten ansteigenden Wegmetern bei der Verzweigung rechts. Mehrmals die Richtung ändernd geht es nun im Wald – zwischenhinein eine Weide querend – hinauf zum *Lauenensee* (S.101). Stockenten und Blässhühner brüten hier seit jeher; vor wenigen Jahren kam es erstmals zu einer Brut der Reiherente. Kurz vor dem See haben wir die Grenze des Naturschutzgebietes Gelten–Iffigen überschritten. Unser Pfad mündet in eine Fahrstrasse. Links haltend folgt man ihr und hält bei der Verzweigung kurz nach dem Restaurant rechts. Nach der nächsten Verzweigung links über den Geltenbach, jenseits des Baches rechts.

In unterschiedlicher Steigung zieht sich der Pfad in Bachnähe oder etwas

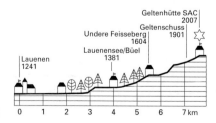

davon entfernt talaufwärts. Offene Weideflächen wechseln mit Wegabschnitten im Wald. Auf der Alp *Undere Feisseberg* wechselt man auf die andere Bachseite und geniesst einen erholsamen flachen Wegabschnitt. Aber auch die Landschaft ist ein reiner Genuss. Beeindruckend wild das Tal mit der Felsenburg des Mutthores rechts oben über unserem Weg. Und hinten im Tal der grandiose Wasserfall, der *Geltenschuss,* für dessen Unterschutzstellung die Lauener in den fünfziger Jahren einen beispielhaften Kampf geführt haben (S. 100).

Unser Pfad entfernt sich rechts am Hang ansteigend vom Geltenbach. Nach einem längeren steilen Wegabschnitt nähert man sich in leichterem Anstieg wieder dem Bach. Kurz bevor er sich links unten über die Fluh hinaus stürzt, schlüpft man unter einem Miniwasserfall hindurch. Bald wechselt der Bergpfad auf die östliche Seite des Geltenbaches und führt in einem letzten Anstieg zur *Geltenhütte SAC.* Sie liegt auf einer Geländerippe. Schön ist der Blick talauswärts, nach Südwesten ins Furggetäli, südwärts zum Rottal mit seinen Wasserfällen und hinauf zum Geltengletscher.

44 Lauenen–Chrinepass–Gsteig

Bergweg. Leichte Passwanderung vom Tal des Louibaches in jenes der Saane, mit hübschen Ausblicken in beide Täler. Nur wenige m Hartbelag.

Route	Höhe in m	Hinweg	Rückweg
Lauenen 🚌	1241	–	2 Std. 40 Min.
Sattel	1400	35 Min.	2 Std. 15 Min.
Chrinepass	1659	1 Std. 25 Min.	1 Std. 45 Min.
Rohr	1200	2 Std. 25 Min.	20 Min.
Gsteig 🚌	1184	2 Std. 40 Min.	–

Vom Dorf *Lauenen* (S. 101) der Hauptstrasse entlang taleinwärts. Nach rund 500 m, beim Wegweiser Kapeli, 1240 m, rechts hinab über den Loui-

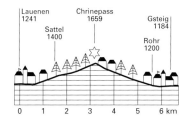

Das Alpenmurmeltier ist mit seinen 50–60 cm Körpergrösse der gewichtigste Vertreter aus der Familie der Hörnchen. Es lebt oberhalb der Baumgrenze, haust in tiefen Höhlen und hält von Oktober bis April einen ausgedehnten Winterschlaf.

bach. In mässiger Steigung aufwärts, zuerst über einen Fuss-, dann in einen Fahrweg neben einem Bächlein. Rechts hangaufwärts vom Bächlein weg zum obersten bewohnten Haus. Nun wieder auf einem Fussweg weiter sanft ansteigen, bis zum Wegweiser *Sattel,* 1400 m.

Kurz nach rechts über eine Güterstrasse, links davon weg eine Egg hinauf. Jetzt wird bereits der auf Lauenenseite bewaldete Chrinepass sichtbar, links davon das Spitzhorn. Unser Pfad gewinnt am Hang rechts weiter an Höhe und umgeht so die sumpfigen Streueflächen. Recht steil geht es im Zickzack den Wald empor, nachher leicht fallend in eine offene Mulde. Noch gilt es einige Schritte nach oben zu tun, und schon ist der *Chrinepass* erreicht. Auf der Westseite schöner Ausblick zu den Bergen zwischen Sanetschpass und Col du Pillon.

Hinab zur Alphütte. Hier links weiter abwärts in den Alpfahrweg, der tiefer unten zum Hartbelagssträsschen wird. Doch brauchen wir ihm nicht bis hinab nach Gsteig zu folgen, sondern können bald links auf einen Fussweg abzweigen. Weiter unten berührt er zweimal nur kurz die Strasse. Beim dritten Mal heisst es dann rund 150 m über die Strasse zu gehen, bevor man wieder links abzweigt. Am Waldrand und neben dem Inneren Saaligrabe geht es dem Talgrund entgegen – ein hübscher Wegabschnitt. Der Weg mündet am Hangfuss in eine Strasse, welche Saane und Talboden quert. Auf der Hauptstrasse links zur Postauto-Haltestelle oder ins Dorf *Gsteig* (S. 100).

45 Lauenen–Chrinepass–Höhi Wispile

Bergweg. Angenehmer Aufstieg zum Wispiletritt und anschliessend aussichtsreiche Höhenwanderung über den Alpweiderücken der Wispile zwischen den Tälern von Lauenen und Gsteig. Nur zu Beginn wenige m Hartbelag.

Route	Höhe in m	Hinweg	Rückweg
Lauenen 🚌	1241	–	2 Std. 15 Min.
Sattel	1400	35 Min.	1 Std. 50 Min.
Chrinepass	1659	1 Std. 30 Min.	1 Std. 15 Min.
Höhi Wispile 🚠	1907	3 Std.	–

Vom Dorf *Lauenen* (S.101) der Hauptstrasse entlang taleinwärts. Nach rund 500 m, beim Wegweiser Kapeli, 1240 m, rechts hinab über den Louibach. In mässiger Steigung aufwärts, zuerst über einen Fuss-, dann in einen Fahrweg neben einem Bächlein. Rechts hangaufwärts vom Bächlein weg zum obersten bewohnten Haus. Nun wieder auf einem Fussweg weiter sanft ansteigen, bis zum Wegweiser *Sattel*, 1400 m.
Kurz nach rechts über eine Güterstrasse, links davon weg eine Egg hinauf. Jetzt wird bereits der auf Lauenenseite bewaldete Chrinepass sichtbar, links davon das Spitzhorn. Unser Pfad gewinnt am Hang rechts weiter an Höhe und umgeht so die sumpfigen Streueflächen. Recht steil geht es im Zickzack den Wald empor, nachher leicht fallend in eine offene Mulde. Noch gilt es einige Schritte nach oben zu tun, und schon ist der *Chrinepass* erreicht. Auf der Westseite schöner Ausblick zu den Bergen zwischen Sanetschpass und Col du Pillon.
Beim Wegweiser rechts. Im Zickzack zieht sich der vorzüglich angelegte Weg durch den bewaldeten Steilhang hinauf zum 150 m höher gelegenen *Wispiletritt.* Damit ist die Hauptsteigung überwunden. Horizontal, leicht sinkend oder steigend führt nun der Weg in nördlicher Richtung über den

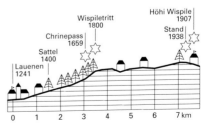

mehrheitlich unbewaldeten, breit-runden Alpweiderücken des Wispile-Höhenzuges. Einige Sennhütten stehen an diesem idealen, 3,5 km langen Höhenweg. Dreht man sich um, ist der Blick frei zu den höchsten Gipfeln in der Südwestecke des Berner Oberlandes. Vom Wildhorn über die Berge der Sanetschpassregion bis zum Oldenhorn reicht die imposante Gipfelschau. Kurz vor dem höchsten Punkt der Wispile, dem 1938,9 m hohen Stand, bei der Wegverzweigung rechts. Vom *Stand* aus geniesst man einen weiten Rundblick übers Saanenland. Bald ist die 30 m tiefer liegende Bergstation *Höhi Wispile* der Gondelbahn erreicht. In 13 minütiger Fahrt tragen uns die Gondeln via Zwischenstation Bodme weitere 860 m abwärts in den Talboden von Gstaad.

Föhnstimmung auf der Höhi Wispile (Routen 25, 28, 29, 32 und 45). Ausblick nach Südosten zu Wildstrubel, Gletscherhore und Rohrbachstein (von links nach rechts).

Bartgeier. In Savoyen, das gar nicht weit vom Saanenland entfernt liegt, werden seit 1987 junge, in Gefangenschaft grossgezogene Bartgeier ausgesetzt. Mehrmals haben diese Ausflüge bis ins westliche Berner Oberland unternommen. Die Spannweite der Schwingen misst um 2½ Meter, der Schwanz ist keilförmig zugespitzt. Der Bartgeier ist mit keiner andern Vogelart zu verwechseln, und es ist ein Erlebnis besonderer Art, wenn einer dieser mächtigen Greifvögel in nächster Nähe vorbeigleitet. Angst braucht der Wanderer dabei keine zu haben, denn Bartgeier haben kein Interesse an Frischfleisch, sondern ernähren sich hauptsächlich von Knochen!
Der zweite grosse Greifvogel der Alpenregion, der Steinadler, kann im Saanenland überall beobachtet werden. Er horstet regelmässig in mehreren Paaren im Einzugsgebiet der Saane.

Bauernhäuser. Meister ihres Faches waren die Zimmermeister des 17. und 18. Jahrhunderts, die im Saanenland tätig waren. Auf dem massiven Mauersockel mit Kellerräumen bauten sie das Stubengeschoss in Ständerbauweise auf. Das folgende Ober- oder Gadengeschoss entstand in Blockbaukonstruktion.
Schon das Holz wurde mit reichen Verzierungen ausgestattet und dazu gesellte sich das Werk der Maler. Kunstvolle Inschriften, Jahrzahlen, Ornamente und bildliche Darstellungen bereichern manches Haus in den Gemeinden des Saanenlandes.
Am besten geeignet zum Bewundern oder Fotografieren der Bauernhäuser sind Spätherbst und Winter. Während diesen Jahreszeiten kann man den besten Betrachtungs- oder Aufnahmestandort aufsuchen, ohne dabei im hochgewachsenen Heu oder Emd herumzutreten. Letzteres schätzen Haus- und Landeigentümer zu Recht nicht.

Diablerets, Les. Das Tal von Ormonts wurde wohl im 10. Jh. besiedelt von Leuten, die sich vor den einfallenden Sarazenen und Hunnen flüchteten. Das Tal wurde als Besitz der Abtei St-Maurice von den Savoyer Grafen heimgesucht. Greyerzisches Lehen geworden, wurde es vom letzten Grafen an Bern abgetreten, das schon als Schiedsrichter zwischen den Ormonans und den Leuten von Château-d'Oex geamtet hatte. Eine neue Zeit brach an durch den Bau einer Strasse, gefolgt vom Bahnbau. Nun erschienen die ersten Touristen und aus der Maiensässe wurde ein Fremdenort. Eine Eigentümlichkeit des Tales ist die Wanderung der Bergbauern, die «remuage». Die meisten besitzen neben ihren Heimgütern drei Heugüter in verschiedener Höhenlage am Sonnenhang, wo sie mit ihrem Vieh je nach Wetter und Futterertrag einige Wochen verweilen. Dies lässt die Landschaft als dicht besiedelt erscheinen.

L'Etivaz. Lateinisch aestiva = Sömmerungsweide. Der Name geht auf die ursprüngliche Weidefunktion zurück. Das Tal ist durch die Gorge du Pissot vom eigentlichen Pays d'en Haut getrennt. Am Zusammenfluss der Eau Froide und der Torneresse bildet Le Contour des Talzentrum mit Kirche, Schule, Post und Milchsammelstelle. Von Bedeutung ist der genossenschaftliche Käsekeller, der von etwa 30 Alpen der Umgebung die frischen Käselaibe zur Pflege und zum Ausreifen sammelt.

Gastlosen. Während die Landeskarte nur den nördlichen Teil der Zackenreihe, unmittelbar über Abländschen, als Gastlosen bezeichnet, zählt der SAC-Führer

«Alpes Fribourgeoises» die ganze Kette über die Sattelspitzen, Wandfluh, Dent de Ruth, Dent de Savigny bis zur Dent de Combettaz, nördlich von Rougemont, dazu. Die Liste der Gipfel nennt 60 Namen, auf einer Länge von rund 12 Kilometern. Auf der Dent de Ruth treffen sich die Kantone Bern, Freiburg und Waadt. Im Juni 1944 haben zwei Kletterer mit einem Biwak auf der Dent de Savigny die ganze Kette in 18½ Stunden reiner Kletterzeit überschritten. Der Name soll von «castello» herkommen, was soviel wie «Burg» bedeutet.

Gelten-Iffigen. Das zweitgrösste Naturschutzgebiet des Kantons Bern auf Boden der Gemeinden Lauenen und Lenk trägt die Bezeichnung «Gelten-Iffigen». Nach dem erfolgreichen Kampf der Lauener um ihren Geltenschuss wurde das Geltental im Jahr 1957 unter Schutz gestellt. Zwölf Jahre später wurde es zum jetzigen, rund 43 km² messenden Reservat erweitert. Der Lauenensee, die Alpen Chüe- und Stieretungel im Lauenental, das Iffigtal und der Hohberg auf Lenkerboden bleiben damit vor touristischen Bauten und Einrichtungen verschont. Die landwirtschaftliche Nutzung der Alpweiden im Schutzgebiet ist weiterhin erlaubt. Die südliche Reservatsgrenze folgt der Kantonsgrenze vom Gletscherhorn am Glacier de la Plaine Morte über Rohrbachstein, Rawilpass, Mittag-, Schneide-, Wild- und Geltenhorn bis zum Arpelistock.

Giferspitz. Der Giferspitz – ein zweifacher Höhepunkt des Saanenländer Wander- und Bergwegenetzes: Einmal ist der Gipfel zwischen Turbach- und Turnelsbach der höchste Punkt des von den Berner Wanderwegen im Amt Saanen markierten Wegnetzes; zum zweiten bietet er den umfassendsten Panoramablick über das Saanenland und die umliegenden Regionen. Kurz, ein überaus lohnendes Ziel für den geübten Bergwanderer!
Aufgebaut ist der Giferspitz aus deutlich geschichteten Sedimentgesteinen feiner und grober Körnung. Genau das gleiche Material findet man an der Niesenkette vom Albristhorn bis zum Niesen und die Geologen bezeichnen diese leicht verwitternden Felsmassen denn auch als Niesenflysch.

Gstaad. Entstand aus der Bäuert «am Gstaad», 1312 Stat genannt. Früher abseits vom Durchgangsverkehr gelegen, empfing das bescheidene Dörfchen durch die Eröffnung der Montreux–Oberland-Bahn (1905) mächtige Impulse. Heute hat sich Gstaad zum weltbekannten Fremdenverkehrszentrum entwickelt, wo sich auch das Jet-Set gerne Stelldichein gibt.
Die St. Niklausenkapelle, erbaut 1402, stand einst ausserhalb des Dorfes inmitten der Matten. Heute steht sie im Zentrum des lebhaften Kurorts. 1926 wurde sie restauriert und unter Bundesschutz gestellt. Ausstattung: Decke mit Flachschnitzerei, alter Taufstein aus Tuff, Wappenscheiben mit Familienwappen (1612), Chorfenster mit farbenfroher Glasmalerei von W. Reber (1928). Katholische Kirche: Grosses Mosaik über dem Portal (1931) und zehn Fenster von Marcel Poncet.

Gsteig. Die Gemeinde Gsteig besteht aus den beiden etwa gleich grossen Dörfern Feutersoey und Gsteig sowie dem übrigen Siedlungsgebiet mit typischer Streubauweise. In diesem Gebiet ist vorwiegend die Landwirtschaft angesiedelt. Urkundlich wird Gsteig erstmals 1312 unter dem Namen «Chastelet» erwähnt, was soviel heisst wie Wacht-, Wehr- und

Zufluchtsturm. Das Gemeindewappen zeigt noch heute den Turm mit einem halben Kranich; der Kranich erinnert an die einstige Zugehörigkeit zur Grafschaft Greyerz. Die kärglichen Überreste des Turms können im Grundriss noch immer erkannt werden, am Standort mit dem Flurnamen «Burg».
Die Kirche Gsteig wurde 1453 geweiht. Sie birgt eine mit hübschen Holzintarsien reich verzierte Kanzel aus dem Jahr 1636, einen Kanzelhut von 1713, und ihre Innenwände sind mit Bibelzitaten in gotischer Schrift verziert. Zusammen mit dem «Bären», einem Hotel in einem reich verzierten Saanerhaus aus dem Jahre 1756, ist das Bild der Kirche als oft gedrucktes Kalenderbild weit herum bekannt.

Jaunpass. Die Strasse über den Jaunpass (Col de la Bruch) wurde 1872–1878 erbaut. Es waren zwei Aspekte ausschlaggebend: der verkehrspolitische und der militärische. Sie ist die kürzeste Verbindung zwischen dem freiburgischen Greyerzerland und Boltigen im Obersimmental.

Kälber, Rinder, Kühe, Stiere. In keiner andern Schweizer Gemeinde gibt es derart viele Rindviehhalter wie in Saanen. Gemäss Eidgenössischer Viehzählung 1988 lebten in Saanen 298 Rindviehbesitzer, denen im Zähljahr 5779 Stück Vieh gehörten. Am augenfälligsten wird diese grosse Tierzahl in der zweiten Herbsthälfte, wenn die Tiere überall im Talgrund und an den Hängen die nach dem Emdschnitt wieder nachgewachsene Vegetation beweiden.

Kranich. Der Kranich im Wappen des Saanenlandes erinnert an die einstige Zugehörigkeit der Gegend zum Herrschaftsbereich der Grafen von Greyerz. Echte Kraniche können im Saanenland wohl nur im Herbst mit viel Glück beobachtet werden, wenn eine Formation dieser grossen graubefiederten Vögel quer übers Lauenen- und Saanetal nach Südwesten zieht.

Lauenen. Anfangs des 16. Jahrhunderts bauten die Lauener eine eigene Kirche. Die Chronik berichtet, dass 1518 Peter Tüller aus Lauenen nach Rom geschickt wurde, um vom Papst die Erlaubnis zum Bau einer Kirche zu erbitten. Seine Bemühungen hatten Erfolg; die Lauener durften an Stelle ihrer alten Kapelle eine neue geräumige, dem Apostel Petrus geweihte Kirche errichten.
Bis zum Jahre 1803 war das heutige Saanenland ein ungegliederter Bezirk. Alljährlich am 1. Mai trat das Volk zur Landsgemeinde zusammen, wählte seinen Kastellan, Landschaftsschreiber, Landsäckelmeister sowie den Landgemeindeausschuss von 100 Mann (in welchem Saanen mit 67, Gsteig und Lauenen zusammen mit 33 Mann vertreten waren), dem es die normalen Regierungsgeschäfte übertrug. Am 20. Juni 1803 wurden Gsteig und Lauenen zu besonderen Kirchgemeinden und Burgschaften ernannt, also zu eigenen politischen und kirchlichen Gemeinden gemacht.
Knapp die Hälfte der Einwohner sind in der Landwirtschaft beschäftigt. Es sind vor allem Klein- und Mittelbetriebe. Klima- und Bodenbeschaffenheit verunmöglichen im Saanenland einen wirtschaftlichen Ackerbau, was die Konzentration auf Vieh- und Milchwirtschaft erfordert.

Lauenensee. Der auf 1383 m gelegene See befindet sich innerhalb des Naturschutzgebietes Gelten-Iffigen. Botanisch bemerkenswerte Verlandungszonen säumen seine Ufer, doch steht der nur wenig tiefe See in Gefahr, durch die fortschreitende Verlandung zunehmend an offener Wasserfläche zu verlieren. Blässhühner und Stockenten brüten seit Jahrzehnten am See; seit Ende der achtziger Jahre jetzt auch die Reiherente, die wohl nirgends in Europa höher oben zur Eiablage schreitet als am Lauenensee zu Füssen des Spitzhorns.

Lenk. Die Sage bringt den Namen mit Longinus, einem Flüchtling der thebäischen Legion in Verbindung und weist damit auf die vermutlich von St. Maurice ausgegangene Christianisierung des Tales hin. In Wahrheit stammt der Name von der Langeck (an der längen Egg), so heisst der nördliche Vorsprung des Laubhorns, an dem sich das Tal gabelt.

Die ersten Siedlungen entstanden in der Gegend von Gutenbrunnen, am rechten Talhang, wo der alte Saumweg sich in Rawil- und Hahnenmoosweg teilte. Hier entstand auch eine erste Kapelle, und hier wurde Gericht gehalten. Der Talboden war damals noch sumpfig. Die Sage berichtet sogar von einem See und von Ringen am Fuss der Seefluh, an denen man die Boote anband.

Seit dem 13. Jh. gehörte die Lenk zum Herrschaftsbereich der Herren von Raron, die auf dem Mannenberg bei Zweisimmen einen Sitz hatten. Auch die Strättliger Herren hatten Besitz im Tal und verliehen diesen 1348 an die Bubenberg. 1441 starben die Raron aus, worauf Heinrich von Bubenberg mit ihrem Nachlass belehnt wurde.

1505 wurde eine neue Kirche eingeweiht, angeblich im Beisein von Matthias Schiner als Vertreter des Bischofs von Lausanne. Die Reformation stiess auf Widerstand, denn der rege Säumerverkehr mit dem katholischen Rhonetal blieb nicht ohne Einfluss. Als die Lenker 1529 den neuen Glauben doch annahmen, machten sie sich die Walliser zum Feind.

Auch die Bildung der helvetischen Republik mit dem Kanton Oberland fand nicht die Zustimmung der Lenker. Sie machten sich sogar bewaffnet auf den Weg nach Thun. Zum Kampf kam es freilich nicht.

Nach bescheidenen Anfängen im 17. Jh. setzte im 19. Jh. die Entwicklung zum berühmten Heilbad ein, zählen doch die Lenker Schwefelquellen zu den stärksten Europas. Im Sonderbundskrieg besetzten die Lenker den Rawil. Im Juli 1878 brannte ein grosser Teil des Dorfes samt der Kirche nieder. 1828 Eröffnung der Talstrasse. Ab 1865 täglicher Postkurs. Der Bau der Grimselstrasse und der Lötschbergbahn nahm dem Rawil seine Bedeutung. 1912 Bahnanschluss und damit Entfaltung zum weitbekannten Fremdenverkehrsort, wobei besonders der Wintersport einen grossen Stellenwert besitzt. Die reformierte Kirche von 1950 ist mit schönen Scheiben von R. Schär geschmückt, die katholische mit ebenso sehenswerten Farbfenstern von Yoki.

MOB. Die meterspurige Linie der Montreux-Berner Oberland-Bahn führt von Montreux am Genfersee über 75 km bis an die Lenk. Gstaad konnte ab 1904 von Montreux her mit der Bahn erreicht werden. Im folgenden Jahr wurde die Linie von Zweisimmen über die Saanenmöser eröffnet. Mit der Inbetriebnahme der Bahnzufahrten kam die Entwicklung des Saanenländer Fremdenverkehrs erst richtig in Gang.

Die mit Gleichstrom betriebene Bahn (Fahrleitungsspannung 850 Volt) verfügt über gutes Rollmaterial. Ihre beiden Paradezüge, «Panoramic- und Superpanoramic-Express», sind unter Eisenbahnfreunden in aller Welt ein Begriff. Ein Ausflug mit ihnen oder einem «normalen» MOB-Zug an den Genfersee bietet eine eisenbahntechnische wie auch landschaftlich interessante Abwechslung in Saanenländer-Wandertagen.

Saane. Folgt man auf der Landeskarte 1:25000, Blatt 1286, St. Léonard, dem Lauf der Saane entgegen der Fliessrichtung, findet man ihren Ursprung genau einen km westlich der Passhöhe des Sanetschpasses. Am südlichen Hangfuss des Sanetschhorn oder Mont Brun entspringt hier auf einer Höhe von 2300 m La Sarine. Nach gut drei km wird das Bachwasser im Sanetschstausee gespeichert. In Gsteig mündet der Rüschbach (vom Pillon-Passgebiet her) in die Saane. Weiter talabwärts sind als westliche Zuflüsse zu erwähnen Tschärzis-, Meielsgrund- und Chalberhönibach. Von Osten erreichen Loui- und Turbachbach in Gstaad gemeinsam die Saane, kurz darauf der Chouflisbach von Schönried herab, und an der Kantonsgrenze zum Waadtland als letzter Saanenländer Zufluss der Grischbach.

Saanen. Zur Gemeinde Saanen gehören sämtliche bekannten Fremdenverkehrsorte des Saanenlandes – Saanenmöser, Schönried, Saanen und Gstaad. Die ausserordentliche Bautätigkeit der letzten Jahrzehnte liess mehrere Chaletsiedlungen entstehen, die monatelang den Eindruck von leblosen Geisterdörfern erwecken. Etwas abgelegener, und noch einen guten Eindruck vom einstigen Aussehen des Saanenlandes vermittelnd, sind die Siedlungsgebiete in den Tälern des Chalberhöni- und Turbachbaches sowie von Abländschen. Naturverbundene Wanderer fühlen sich hier eher zu Hause als neben den Schaufenstern der Boutiquen in Gstaad, in welchen vielhundert- oder mehrtausendfränkige «Blusli und Schlotterihosen» auf Kundschaft warten.

Der Name der Ortschaft Saanen und der Saane soll aus dem Keltischen stammen und bedeutet «die Mächtige». Die ersten zeitweisen Bewohner des Tales dürften wie im benachbarten Simmental in Höhlen Schutz suchende Leute gewesen sein. Die eigentliche Besiedlung der Gegend erfolgte dann durch Kelten und Römer, denen im 5. Jahrhundert die Burgunder folgten. Um das 8. Jahrhundert kamen alemannische Einwanderer vom Simmental ins Saanenland, das seither zum deutschen Sprachgebiet gehört.
In der zweiten Hälfte des 15. Jahrhunderts entstanden die Wandmalereien in der Saaner Mauritiuskirche. Hier finden alljährlich die bekannten Menuhin Festivals statt. Gstaad besitzt ebenfalls ein altes Gotteshaus. Die kleine Niklauskapelle wurde 1402 erbaut und 1926 renoviert.

Saanenland. Saanen ist der Bezirkshauptort des flächenmässig kleinsten Oberländer Amtsbezirkes. Regierungsstatthalteramt und die übrigen Amtsstellen sind im Amtshaus in leicht erhöhter Lage über dem Dorf untergebracht. Weitaus am meisten Einwohner zählt die Gemeinde Saanen mit fast 6000 Leuten. Gsteig zählt etwa 850 Einwohner, Lauenen rund 100 weniger.

Sanetschpass. Der Sanetschpass ist ohne Zweifel schon im frühen Mittelalter als Verkehrsweg benützt worden. Im 14. und 15. Jahrhundert wurde er sogar wiederholt von Truppen überschritten. 1418 zogen die Berner über den Pass und legten die Stadt Sitten in Schutt und Asche. 1475 eilten 3000 Berner und Solothurner über den Sanetsch, um den Oberwallisern gegen Savoyen Hilfe zu leisten; bei Sitten wurde der Feind in der Folge geschlagen. In umgekehrter Richtung be-

nützten Bewohner von Savièse den Pass, um Frühobst und Frühgemüse ins Saanenland und ins Ormonttal hinüberzubringen, und waren mit ihren schweren Lasten oft mehr als 20 Stunden bei kleinem Verdienst unterwegs.
Heute führt vom Rhonetal her eine 34 km lange Strasse über die Passhöhe herüber bis zum Stausee nördlich des Passes. Von den Besitzern der Walliser Alpweiden auf Gsteigerboden wurde geplant, die Strasse bis Gsteig weiter zu bauen. Die Gemeindeversammlung von Gsteig – zusätzlich zum schon vorhandenen Pillon-Verkehr nicht an noch mehr Transitverkehr interessiert – lehnte jedoch das Begehren ab.

St. Stephan. Ein Dorf namens St. Stephan existiert nicht. Die so benannte Gemeinde ist in mehrere Dörfer und Weiler aufgeteilt. Die einen markanten landschaftlichen Akzent setzende Kirche steht in Ried.
Die Kapelle St. Stephan galt als älteste Andachtsstätte im Simmental. Den Namen trug sie nach einem Überlebenden der thebäischen Legion, der hier predigte und Wunder wirkte und der das heutige Gemeindewappen ziert. Die Kapelle wurde zum Wallfahrtsort und mit der Zeit zu klein, worauf die Talleute an den Bau einer Kirche gingen, von welcher man weiss, dass man 1308 daran baute. Ursprünglich selbständig, geriet sie in Abhängigkeit zur Zweisimmer Kirche und wurde mit dieser anno 1335 durch Heinrich von Strättligen an die Augustiner zu Interlaken vergabt. 1528 ging sie an Bern. Anfang 16. Jh. Umbau.

Schüsse. Weder von Gewehr-, Kanonen- oder anderen kriegerischen Schüssen ist die Rede, wenn in Lauenen vom «Gälte- oder Tungelschutz» gesprochen wird. Vielmehr geht es dabei um die beiden auf der Landkarte als Gelten- und Tungelschuss bezeichneten Wasserfälle hinten im Lauenental. Viel zu reden gab in den Jahren 1949 bis 1956 der Geltenschuss. Es wurde damals geplant, das Wasser des Geltenbaches in den gleichzeitig zu bauenden Sanetsch-Stausee abzuleiten. Dieser staut heute die junge Saane – gegen die energiewirtschaftliche Nutzung des Geltenbaches wehrten sich die Lauener während Jahren mit Entschiedenheit, und sie hatten Erfolg. Die Konzession zur Nutzung des Baches wurde nicht erteilt, der Wanderer kann die Schönheit des Geltenschusses weiter bewundern. Auch der Tungelschuss bietet – vom Lauenensee aus betrachtet – ein prächtiges Bild. Er entwässert die Alpen Stiere- und Chüetungel und stürzt über Felsen in der bewaldeten Talflanke zum Geltenbach herunter.

Sion/Sitten. Die älteste Siedlung scheint in der Jungsteinzeit in der geschützten Mulde zwischen Tourbillon und Valeria entstanden zu sein. Die Kelten des Stammes der Seduni bauten die beiden als Zufluchtsstätten aus. 10–8 v. Chr. kam ihre Hauptstadt Sedunum (sedo = Sitz, dunum = Hügel, Burg) unter römische Herrschaft. Zum Zentrum wurde der Ort erst wieder, als der Bischof zwischen 565 und 585 seinen Sitz von Martigny hierher verlegte und im Jahre 999 von Rudolf III. von Burgund mit weltlichen Rechten belehnt wurde. Die Talschaft zerfiel damals in zwei Gebiete, das Oberwallis, dessen Landesherr der Bischof von Sitten war, und das savoyische Unterwallis. Der Bischof musste seine Rechte immer wieder gegen Savoyen, dann gegen den Adel und schliesslich auch gegen die freiheitsdurstige Bevölkerung verteidigen. Zweimal, 1352 und 1384, wurde Sitten von den Savoyern erobert und in Brand gesteckt.

Im Rarnerkrieg von 1418 wurde es von Witschard von Raron mit bernischer Hilfe eingenommen und verwüstet. 1475 schlug das bischöfliche Heer mit Hilfe Berns die Savoyer auf der Planta, am Westende der Stadt. 1499 wurde der für die Schweiz historisch bedeutsame Matthäus Schiner Bischof von Sitten. 1788 grosser Stadtbrand. 1798 Plünderung durch die Franzosen.

Nach Schleifung der mit Toren versehenen Mauer (ca. 1830), die die Altstadt (cité) umgab, wuchs die Stadt auf den Schwemmkegel der Sionne hinaus und seit 1860 bildete der Bahnhof den Ansatzpunkt für eine neue Erweiterung. Die Sittener waren einst vor allem Bauern, die ihre Weinberge in der Umgebung bestellten, am Hangfuss Wiesen und Äcker besassen und im Sommer ihr Vieh am andern Talhang auf die Maiensässe (Mayens) trieben. Heute bestimmen Verwaltung, Handel, Gewerbe und Industrie das Bild der Walliser Kantonshauptstadt. Das sonnige und nebelfreie Klima Sittens ist sehr geschätzt.

Taveyannaz-Sandstein. Nur im Oldental tritt diese grünlich-fleckige Gesteinsart auf, die vulkanischen Ursprungs ist. Der eiszeitliche Sanetschgletscher hat Stücke davon weit ausserhalb des Saanenlades abgelagert.

Walliser Wispile. Diese Ortsbezeichnung für eine Alpweide zwischen Gsteig und Launenen weist auf eine enge Beziehung zum Wallis hin. Im Jahre 1379 wurde der Grundbesitz von Wallisern auf der Nordseite des Sanetschpasses erstmals urkundlich erwähnt. Dabei ist es bis heute geblieben, und nach wie vor wird hier Walliser Vieh auf Bernerboden gesömmert.

Zweisimmen. Die Siedlung dürfte vom 9. Jh. an entstanden sein. An der Verzweigung der Talwege wurde unter einer Linde vom Landesherr Gericht gehalten. 1228 ist ein Gotteshaus «Dues simmes» genannt, das den geistigen Mittelpunkt des Tales oberhalb der Enge von Garstatt bildete. Die Kirche gehörte den Freiherren von Strättligen, die in früher Zeit auf dem Mannenberg, nördlich des heutigen Dorfes sassen. Die Kirche entstand vermutlich kurz nach 1200. 1335 gingen Kirchengut und Vogteirecht an das Kloster Interlaken über. Nach 1453 Kirchenneubau mit wertvoller spätgotischer Ausstattung (Glas- und Wandmalerei, Schnitzdecken), 1386 Übergang an Bern. 1862 wurde das Dorf von einem Grossbrand heimgesucht. 1902 Eröffnung der Bahn Erlenbach–Zweisimmen, 1905 Montreux-Oberland-Bahn. 1912 Bahnlinie nach Lenk.

Im Saanenland recht häufig anzutreffen: der Alpensteinbock. Der kühne und verblüffend trittsichere Kletterer ernährt sich von Sträuchern, Gräsern und Sauergräsern. Im Frühjahr setzt die Steingeiss ein einziges Kitz.

Markierung der Wanderrouten

Die Markierung der Wanderrouten geschieht nach den von den «Schweizer Wanderwegen» aufgestellten Richtlinien. Sie besteht aus Wegweisern mit oder ohne Zeitangabe, aus Richtungszeigern, Rhomben und Farbmarkierungen.

Die angegebenen Marschzeiten basieren auf einer durchschnittlichen Leistung von 4,2 km in der Stunde auf flachem, gut begehbarem Gelände. Abweichungen bei Steigungen, Gefälle oder schwierigem Gelände sind mitberücksichtigt. Rastzeiten sind nicht eingerechnet.

Wanderrouten (gelbe Markierung)

Wege für jedermann, die mit gewöhnlichem Schuhwerk und ohne besondere Gefahren begangen werden können.

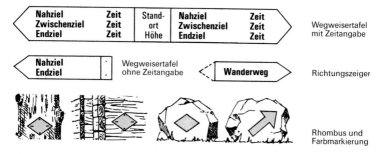

Bergrouten (weiss-rot-weisse Markierung)

Wege, die *grössere Anforderungen* an die Ausrüstung des Wanderers in bezug auf *wetterfeste Kleidung* und *geeignetes Schuhwerk mit griffigen Sohlen* stellen. Das Begehen von Bergwegen erfordert *besondere Vorsicht* und *Bergtüchtigkeit.*

Tips für Wanderer

«Der Weg zur Gesundheit ist ein Wanderweg!» Dieses geflügelte Wort beinhaltet viel:
Wandern ist der Schlüssel zu Gesundheit und Erfolg.
Wandern heisst Begegnung mit Natur, Kultur und Umwelt.
Wandern ist der Weg zu sich selbst und zum Mitmenschen.
Wandernd erleben: Wir sind stolz auf unser vorbildlich markiertes Wanderwegnetz. Wollen Sie Ihre Wandererlebnisse vertiefen, helfen Ihnen ausführliche Wanderbücher und genaue Wanderkarten.
Was so alles dazugehört: Achten Sie auf die Ausrüstung: gute Wanderschuhe mit griffigen Sohlen sind die beste Voraussetzung für eine glückliche Heimkehr. Gute Dienste leisten auch Rucksack, Sonnen-, Regen- und Kälteschutz, Ersatzwäsche, Taschenapotheke, elastische Binden und Verpflegung.
Apropos Verpflegung: Besonders geeignet sind Schwarzbrot, Trockenfleisch, Käse, Dörrfrüchte, Nüsse und Tee. Berggasthäuser und Bergrestaurants sind nicht immer geöffnet. Telefonieren lohnt sich!
Bernerland – Wanderland! Die Vielfalt unseres Bernerlandes bietet jedermann etwas. Besonders zu empfehlen sind Wanderungen
– im Mittelland: zu jeder Jahreszeit,
– im Jura und in den Voralpen: ab Frühling bis in den Herbst, zum Teil auch im Winter (die Verkehrsvereine erteilen gerne Auskunft),
– in den Alpen: über der Waldgrenze ab Ende Juni bis zum ersten Schnee im Herbst.
Wandern – der Weg zur Natur. Wandern Sie trotzdem auf den Wegen und nicht daneben! Halten Sie sich dabei an die markierten Routen.
Rücksichtnahme gross geschrieben. Jeder verantwortungsbewusste Wanderer schont Wälder, Wiesen und Felder, schliesst Weidegatter, achtet fremdes Eigentum, ist vorsichtig mit Feuer, gönnt den Tieren die Ruhe und nimmt die Abfälle mit nach Hause und nicht die Blumen.
Die unberechenbaren Berge. Verkennen Sie nie die Gefahren der Berge. Ein Wetterumschlag (Sturm, Regen, Schnee, Nebel) kommt schneller als Sie denken.
Vom falschen Ehrgeiz. Wandern ist eine ausgewogene Erholungsart. Falscher Ehrgeiz und Überschätzung der eigenen Kräfte beeinträchtigen das Wandererlebnis!
Wir und das Wandern. Wir, die Berner Wanderwege, befassen uns seit über 50 Jahren mit dem Wandern. Unsere Erfahrung ist gross. Haben Sie Wanderprobleme, rufen Sie uns an!
Auskünfte über die vielfältige Tätigkeit der Berner Wanderwege erteilt gerne die Geschäftsstelle Berner Wanderwege BWW, Postfach 263, 3000 Bern 25, Telefon 031 42 37 66.
Wer gerne wandert, wird Mitglied der Berner Wanderwege!

Touristische Informationen

Auskunftsstellen
Berner Wanderwege, Nordring 10a, Postfach 263, 3000 Bern 25, Telefon 031 42 37 66

Verkehrsvereine
Verkehrsverband Berner Oberland, 3800 Interlaken

3777 Saanenmöser	3778 Schönried
3780 Gstaad	3782 Lauenen
3785 Gsteig	3792 Saanen

Kartenverzeichnis
Als wertvolle Ergänzung zum Wanderbuch stehen die nachstehend aufgeführten Karten zur Verfügung.

Wanderkarten
1:60 000 Saanenland–Simmental–Kandertal (Oberland West); Berner Wanderwege/Kümmerly+Frey: Routen 1–45

1:50 000 Blatt   Routen
            253T Gantrisch   9, 12
            263T Wildstrubel   3–29, 32–34, 38–45
            (Schweizer Wanderwege /L+T)

Die klare, zuverlässige Markierung der Wander- und Bergwege ist das Aushängeschild der Berner Wanderwege BWW. Unzählige freiwillige Helfer sind in oft mühsamer Arbeit um die Erfüllung dieses Ziels bemüht. Die angestrebte Übereinstimmung zwischen Karte, Wegweiser und Buch wird oft durch die immerwährende Veränderung erschwert, der die Schreibweise von Namen unterworfen ist. So sind auch auf diesem Wegweiser am Grat zum Lauenehore (Routen 27, 39 und 40) Abweichungen zur neuesten Nomenklatur feststellbar.

Landeskarten der Schweiz

1:50 000
253	Gantrisch	9, 12
262	Rochers de Naye	1, 2, 16, 30, 31, 35–37
263	Wildstrubel	3–29, 32–34, 38–45
273	Montana	34

1:25 000
1226	Boltigen	9, 12
1245	Château-d'Oex	2
1246	Zweisimmen	1–15, 18–20
1265	Les Mosses	1, 2, 16, 17, 30, 31, 35–37
1266	Lenk	16–29, 31–45
1286	St-Léonard	34

Gaststätten ausserhalb der Ortschaften

Boltigen	Jaunpass, Hotel des Alpes	9, 12
	Jaunpass, Restaurant Taverne	9, 12
Gstaad	Eggli, Berghaus	17, 30
	Höhi Wispile, Berghaus	25, 28, 29, 32, 45
	Turbachtal, Restaurant Gifferhorn	19–21
Gsteig	Diableretsbahn, Restaurant Reusch	35, 36
	Restaurant Oldenegg	35
	Restaurant Gemskopf	35
	Col du Pillon, Restaurant	31, 36, 37
	Lac Retaud, Restaurant	31, 37
Lauenen	Lauenensee, Restaurant Büel	28, 33, 43
Lenk	Betelberg, Berghaus	27, 42
	Leiterli, Restaurant	27, 42
	Stoss, Restaurant	42
	Wallegg, Berghaus	41
Saanen	Chalberhöni, Restaurant Waldmatte	1
Saanenmöser	Hornberg, Berghotel Hornberg	5, 8, 10, 13, 18
	Hornberg, Gasthaus Hornfluh	5, 8, 10, 13, 18
Sanetschpass	Cernet, Hotel Pension	34
	Coppet, Hotel Beausite	34
	Grand Zour, Auberge	34
	Tsanfleuron, Hotel du Sanetsch	34
Schönried	Relleligrat, Berghaus	3, 6, 9, 11
	Horneggli, Berghaus	5, 8, 10
Zweisimmen	Oeschseite, Pension Waldmatte	4
	Rinderberg, Bergstation Luftseilbahn	10
	Rinderberg, Restaurant	10

Register

Die Zahlen 1 bis 45 beziehen sich auf die Routennummern, die Seitenzahlen auf die heimatkundlichen Notizen.

Abländschen 7, 15
Ägerte 35, 36
Ägerteweid 25
Arnensee 31

Bergmatte 6, 7, 11, 12
Berzgumm 22
Bire 7, 9, 12
Bisse 22, 23
Bissedürri 23
Blattipass 37
Bödeli 35
Boden 16, 20, 26
Bortvorschess 8, 13, 18
Büel 43
Burg 38
Burgfälle 38

Cabane des Diablerets 35
Chalberhöni 1
Chalet Defrou 1, 16
Chalet Vieux 31, 37
Chälmad 19
Chandolin 34
Château-d'Oex 2
Chatzestalde 20
Chrinepass 28, 29, 33, 44, 45
Col de Jable 1, 16
Col de la Videman
Col du Pillon 31, 36, 37
Contour, Le 1, 16
Coppet 34
Corba, La 36

Diablerets, Les 36, S. 99
Dorfflüe, Oberi, Underi 2
Dürriberg 2
Dürrifäng 23

Eggli 17, 30
Engi 24
Ertets, Les 6
Etivaz, L' 1, 16, S. 99

Fangbrücke 19–21
Farb 4
Feutersoey 26, 31–33
Flue 42

Gandlouene 18
Gandlouenegrat 10
Geltenhütte SAC 43
Geltenschuss 43, S. 100
Gemskopf 35
Gérignoz 2
Gfell 8, 13, 18

Giferhüttli 22
Giferspitz 22, 40, S. 100
Glarey 34
Gorge du Dar 36
Gour de Comborsin 30
Grand Zour 34
Granges, Les 2
Granois 34
Grischbachsäge 15
Gros Jable 1, 16
Grossi Vorschess 6, 11
Gruben 5, 14
Gryden 27, 42
Gspan 3
Gstaad 8, 13, 14, 16–26, S. 100
Gsteig 26, 29, 34–38, 44, S. 100
Gumm/Usser Läger 1, 16

Haldis Bärgli 5, 8
Herreschwändli 7, 15
Hinder Eggli 30
Hindere Trütlisberg 21
Höhi Wispile 25, 28, 29, 32, 45
Hornberg 5, 8, 10, 13, 18
Horneggli 5, 8, 10
Hugeli 6, 11
Hugeligrat 9
Hundsrügg 9, 12
Hüntebärgli 18
Hürli 9, 12

Innere Saligrabe 29

Jaunpass 9, 12, S. 101

Kübeli 5, 8

Lac de Sénin 34
Lac Retaud 31, 37
Lauchnere 15
Lauenehore 40
Lauenen 21, 24, 39–45, S. 101
Lauenensee 28, 33, 43, S. 101
Ledibrügg 28, 33
Leiterli 27, 42
Lenk 20, 41, 42, S. 102
Lerchweid 17
Linders Vorschess 31
Lüss 20

Marchli 21
Meielsgrund 16
Meielsgrundbach 26
Mittelberg 15

Obere Lochberg 41
Oberenegg 9, 12
Obers Blatti 42
Ober Stuedeli 37
Oeschseite 4
Oldenegg 35

Pacots, Les 2
Parwenge 10, 18
Parwengekessel 18
Plan au Laro 1, 16
Plan Cernet 34
Planihubel 9
Pont du Diable 34

Rellerligrat 3, 6, 9, 11
Reusch 35, 36
Ried 18
Rinderberg 10
Rittmal 3
Ritz 18
Rohr 44
Roscheli 21
Roti Egg 3
Ruble 2
Rüwlisepass 19, 20

Saanen 1–5, 15, S. 103
Saanenmöser 4, 11–14
Sanetschpass 34, S. 103
St-Germain 34
St. Stephan 18, 19, S. 104
Sattel 44, 45
Satteleggbärgli 32, 33
Schadauli 20
Scheidbach 19–22
Schlittmoos 14
Schmidsfang 32, 33
Schönried 4, 6–8
Schopfi 37
Schwylaub 7
Seeberg 31, 37
Simne 7, 12
Sion 34, S. 104
Sitengraben 41
Sodersegg 28, 33
Stand 28, 29, 32, 45
Statt 19–21
Steineberg 21
Stöckli 18, 19
Stoss 42
Stübleni 27, 42
Stüblenipass 42
Stutz 20
Sumeli 6, 7, 11, 12
Sunnigi Lauene 39–42

Topfelsberg 37
Trittlisattel 30
Trütlisberg 21
Trüttlisbergpass 27, 41
Tsanfleuron 34
Turbachtal 19–21
Türli 21, 27
Turnelsbach 22
Turnelssattel 27, 39, 40
Tuxberg 31

Uf de Chessle 6, 8, 10, 13, 18
Underbort 3, 15

Undere Feisseberg 43
Undere Lochberg 41
Undere Zwitzeregg 19, 20
Underi Bodme 25
Unders Blatti 42
Unters Stuedeli 31
Ussers Sali 26

Videmanette, La 2, 30
Vordere Trüttlisberg 41
Vordere Walig 37
Vorderi Wispile 38
Voré 31, 37

Wallegg 41
Walliser Wispile 38, S. 105
Wandelifluh 27, 39
Wasserngrat 23, 27, 39
Wild Boden 1, 30
Wispile 25
Wispiletritt 28, 29, 32, 45

Zingrisberg 22
Züneweid 39, 40
Zweisimmen 4, S. 105

Die Kunst des Scherenschnitts im Saanenland stützt sich auf eine uralte Tradition, hat aber bis heute nichts an Aktualität eingebüsst. Der Turbachtaler Hans Jungen wählt seine Motive im ländlichen oder bäuerlichen Lebensbereich.

WANDERBÜCHER

Bern
- 3060 Die schönsten Berner Wanderrouten
- 3061 Laufental
- 3062* Berner Jura
- 3063* Oberaargau
- 3064 Seeland
- 3065 Emmental
- 3066 Bern–Gantrisch–Schwarzenburgerland
- 3067 Thunersee
- 3068 Brienzersee–Oberhasli
- 3069 Jungfrau-Region
- 3070 Kandertal
- 3071 Simmental–Diemtigtal
- 3072 Saanenland
- 3073 Passrouten
- 3081 Jungfrau-Region (e)

Graubünden
- 3601* Surselva–Bündner Oberland
- 3602* Hinterrheintäler–Misox
- 3603 Lenzerheide–Oberhalbstein–Albula
- 3604 Chur–Arosa–Bündner Herrschaft
- 3605* Landschaft Davos–Prättigau
- 3606 Unterengadin
- 3607 Oberengadin
- 3608 Bergell
- 3609 Puschlav
- 3610 Engadina/Engadine (i/f)

Wallis
- 3621 Brig–Simplon–Aletsch–Goms
- 3622 Leukerbad–Lötschental
- 3623 Visp–Zermatt–Saas Fee–Grächen
- 3624 Val d'Anniviers–Val d'Hérens (d)
- 3625 Val d'Anniviers–Val d'Hérens (f)
- 3626 Sitten–Siders–Montana (d)
- 3627 Sion–Sierre–Montana (f)
- 3628* Monthey–Val d'Illiez–Martigny–Entremont (d)
- 3629* Monthey–Val d'Illiez–Martigny–Entremont (f)

Tessin
- 3641 Lugano
- 3642 Locarno
- 3643 Tre Valli, Leventina–Blenio–Riviera
- 3644 Ticino/Tessin (i/f)

Westschweiz
- 3651 Jura (d)
- 3652 Jura (f)
- 3653 Freiburg (d)
- 3654 Fribourg (f)
- 3655* Ouest vaudois (f)
- 3656* Est vaudois (f)

Nordwestschweiz
- 3661 Regio Basel
- 3662 Solothurn
- 3663 Aargau

Ostschweiz
- 3671* St. Gallen–Appenzell–Liechtenstein
- 3672* Toggenburg–Churfirsten–St. Galler Oberland
- 3673 Glarnerland
- 3674* Schaffhausen

Zentralschweiz
- 3681 Luzern–Pilatus
- 3682 Hochdorf–Sursee–Willisau
- 3683 Entlebuch
- 3684 Obwalden–Engelberg
- 3685 Nidwalden
- 3686 Uri
- 3687 Schwyz
- 3688 Rund um den Vierwaldstättersee
- 3689* Zugerland

Durchgehende Routen
- 3401 Alpenpassroute
- 3402 Gotthardroute
- 3403 Mittellandroute
- 3404 Rhein-Rhone-Route
- 3405 Hochrheinroute
- 3406 Alpenrandroute
- 3407 Basel-Sion-Route
- 3408 Schwarzwald-Veltlin-Route
- 3409 Romandie (f/d)
- 3410 Jurahöhenroute (d)
- 3411 Chemin des Crêtes du Jura suisse (f)

Rundwanderungen
- 3180 Berner Mittelland
- 3181 Berner Oberland
- 3182 Freiburgerland
- 3184 Aargau
- 3185 Tessin
- 3186 Neuchâtel (f)
- 3149 Pays de Vaud (f)
- 3189 Zürich

WANDERKARTEN

Bern
- 0801 Berner Jura–Laufental–Seeland
- 0802 Emmental–Oberaargau
- 0803 Berner Mittelland
- 0804 Jungfrau-Region–Oberhasli
- 0805 Saanenland–Simmental–Kandertal

Graubünden
- 0811 Surselva
- 0812 Hinterrheintäler–Misox
- 0813 Prättigau–Albula
- 0814 Unterengadin
- 0815 Oberengadin

Wallis
- 0821 Aletsch–Goms–Brig
- 0822 Visp–Zermatt–Saas Fee–Grächen
- 0823* Val d'Anniviers–Leukerbad–Montana
- 0824* Unterwallis

Tessin
- 0831 Tessin/Sopraceneri (Nordblatt)
- 0832 Tessin/Sottoceneri (Südblatt)

Westschweiz
- 0841* Lavaux–Pays d'Enhaut–Gruyère–Schwarzsee

Nordwestschweiz
- 0851 Solothurn

Ostschweiz
- 0861 Schaffhausen–Winterthur
- 0862 Zürich
- 0863* Thurgau–Bodensee
- 0864* St. Gallen–Appenzell
- 0865* St. Galler Oberland–Glarnerland

Zentralschweiz
- 0871 Luzern, Ob- und Nidwalden
- 0872 Schwyz–Zug, Vierwaldstättersee
- 0873 Uri

Jura
- 0881 Aargau–Basel-Stadt–Basel-Land–Olten
- 0882 Delsberg–Pruntrut–Biel–Solothurn
- 0883 Chasseral–Neuenburg–Val de Travers–Ste-Croix
- 0884 Lausanne–La Côte–St-Cergue–Vallée de Joux

VELOKARTEN

- 0501 Schaffhausen–Winterthur–Wutachtal
- 0502 Zürich
- 0503 Bodensee–Thurgau
- 0504 St. Gallen–Appenzell–Liechtenstein
- 0505 Zug–Schwyz–Uri–Glarus
- 0506 Graubünden–St. Galler Oberland
- 0507 Basel–Aargau
- 0508 Luzern, Ob- und Nidwalden
- 0509 Oberaargau–Biel, Solothurn
- 0510 Bern–Thun–Fribourg, Emmental
- 0511 Franches-Montagnes, Ajoie–Laufental
- 0512 Neuchâtel–Pontarlier, Trois Lacs
- 0513 Lausanne–Vallée de Joux
- 0514 Lausanne–Bulle–Fribourg
- 0515 Genève
- 0516 Lugano–Bellinzona–Locarno–Varese
- 0531* Velo-Reisekarte Schweiz/Suisse/Svizzera 1:275 000

* in Vorbereitung